쉽게 읽는

조선혁명선언

쉽게 읽는
조선혁명선언

2023년 8월 10일 초판 1쇄 펴냄
지은이 김하돈
편집 이수미
펴낸이 신길순
펴낸곳 (주)도서출판 삼인
전화 02-322-1845
팩스 02-322-1846
이메일 saminbooks@naver.com
등록 1996년 9월 16일 제25100-2012-000046호
주소 (03716) 서울시 서대문구 성산로 312 북산빌딩 1층

디자인 끄레디자인
인쇄 수이북스
제책 은정

ISBN 978-89-6436-245-7 93300
값 15,000원

쉽게 읽는

조선혁명선언

김하돈 지음

삼인

차례

조선혁명선언 강독

부록

글쓴이의 말

'하늘북소리'를 기다리며

어느 유명 철학자가 우리나라를 "혁명의 나라"라고 했다는데 우리 근현대사를 통틀어 '혁명 선언'은 단 하나뿐이라고 학생들에게 말해주면 고개를 갸웃거린다. 하긴 어린 학생들에게 설명하기에 혁명이란 단어가 다소 무겁기는 하다. 그러나 '동학란'을 '동학농민혁명'이라 부르고, '4·19의거'를 '4·19혁명'으로 바꿀 수 있게 된 것이 바로 그 하나뿐인 조선혁명선언 덕분이라면 금세 알아듣는다.

대한민국의 민주주의를 온통 칠흑의 함정으로 쏟아부어 버린 군사 쿠데타 세력이 가당찮게도 '혁명 공약'을 앞장세워 혹세무민하면서, 그로부터 "혁명의 나라"의 진짜 혁명은 다 사라지고, 진짜 혁명가들을 모두 잊어버리고, 신채호도 조선혁명선언도 대한민국 현대사에서는 어디 등 기댈 방 한 칸이 없었다.

안타깝게도 현대사가 우리에게 들려준 신채호 관련 이야기는 대부분 사실이 아니다. 거짓 '혁명 집단'이 진짜와 가짜를 바꿔치기하려고 '이상하고 빨갛고 강팍한' 허수아비 신채호를 꾸미어 제멋대로 춤추게 하였다. '서서 세수하고', '손가락이나 자르고', '자식들 고아원 보내고', '석방 보증인까지 거부'한 고집불통 신채호가 조선혁명선언이 사라진 현대사의 빈자리를 쓸쓸히 지켰다.

신채호는 그냥 조선혁명선언을 찬찬히 읽다 보면 그것이 바로 신채호다. 신채호 이름 앞에 붙는 '독립운동가! 역사학자! 언론인! 문학인! 혁명가!' 이 다섯 가지 가운데 우리가 어느 겨를인지도 모르게 잃어버린 '혁명가 신채호'가 진짜 신채호다. 그리하여 조선혁명선언의 신채호는 여전히 살아 숨쉬며, 그 정신의 맥박은 아직도 뛰고 있다.

백 년 전 신채호가 21세기 역사 앞에서 지금 저 유명한 정주 오산학교 "침묵 연설"을 하고 있다. 이윽고 그 침묵 연설이 하늘을 뒤덮는 천고天鼓의 북소리로 울려 퍼지리라!

그만한 그릇이 아니라는 걸 잘 알면서도 감히 조선혁명선언을 강독한다고 배짱을 부린 까닭은, 부디 꼭 하나 간절히 이루어지길 바라는 염원 때문이다. 학생들이 배우는 교과서를 만드는 이들 가운데 누군가 이 책을 일독하고 그 골수가 되는 몇 문장이라도 수록하여, 학생들이 교실에서 조선혁명선언을 배우는 날이 그리 머지않았으면 한다. 그렇게 나라가 나라다워지는 날이 하루속히 오기를 학수고대하며….

조선혁명선언 탄생 100주년 봄에

김하돈

해설

조선혁명선언의 이해

1. 조선혁명선언이란 무엇인가?

조선혁명선언은 불세출의 독립운동가 단재丹齋 신채호申采浩(1880-1936)가 집필한 문장으로 우리나라 근현대사를 통틀어 단 하나뿐인 귀중한 '혁명 선언'이다. 1923년 1월 중국 상해에서 의열단[1]이 공포하였으므로 '의열단 선언'이라고도 부른다.

조선혁명선언은 전체 5장으로 구성되었다. 원문의 순수 글자 수만 6,306자인데 그 절반 정도인 3,143자의 한자를 사용한 국한문혼용체 문장으로, 1920년대 당시 선언문의 진수를 보여주는 근대문학 작품이기도 하다. 본문 가운데 가장 많이 사용한 주제어는 '민중'으로 무려 55회나 반복하였다. 조선혁명선언의 핵심이 이 한 단어에 집약되어 있다고 해도 과언이 아니다.

조선혁명선언에는 당시에 사용하던 중국과 일본의 한자들까지 두루 혼

1 1919년 11월, 중국 길림에서 김원봉, 윤세주 등 13명이 모여 결성하였다. 의열단의 명칭은 의사義士와 열사烈士의 앞 글자를 하나씩 취한 형태인데, 이들은 "천하의 정의正義의 사事를 맹렬猛烈히 실행하기로 함"이라는 의열단 공약 제1조에서 의와 열을 따다 붙여 명명하였다. 의열단은 그 이름에서 알 수 있듯 강력한 무장투쟁을 앞세워 암살과 파괴를 주요 공격 수단으로 하였기 때문에 일제가 가장 두려워했던 독립운동 단체다.

용되어 나타난다. 다만 지금 우리가 일반적으로 접하는 조선혁명선언은 현재 우리나라에서 사용하는 한자로 바꾼 것들이 대부분이고, 오탈자 없이 완벽한 원문은 찾아보기 힘들다.

발표 당시의 조선혁명선언은 대략 가로 8cm 세로 12cm 내외 크기의 소책자로 제작되었으며 모두 25쪽 분량이었기에 휴대가 간편하였다. 조선혁명선언의 집필 목적은 침체한 의열단의 사기 진작과 국내외에서 홍보용으로 사용할 새로운 강령의 제작이었다. 따라서 이 조선혁명선언은 신채호의 또 다른 문장인 「조선총독부 소속 각 관공리에게」와 함께 의열단 거사 장소에 배포되었다. 「조선총독부 소속 각 관공리에게」 역시 1923년 1월 의열단의 이름으로 조선혁명선언과 함께 발표되었다. 그 전문은 다음과 같다.

조선총독부 소속 각 관공리에게[2]

조선총독부 소속 각 관공리 제군! 제군이 강도 일본의 총독정치하에 기생寄生하는 관공리들이냐? 조상부터 자손까지 판에 박은 조선 민족의 분자分子들이냐? 만일 조선 민족의 분자이면 비록 구복口腹과 처자의 누累를 위해 강도 일본의 노예적 관공리가 되었을지라도 강도 일본의 총독정치가 우리 민족의 구적仇敵인 줄을 알리라. 따라서 우리의 혁명운동이 곧 강도 일본의 총독정치를 파괴하고 조선 민족을 구제하는 운동인 줄을 알리라. 이런 양심이 있다면 우리의 혁명운동을 방해하지 않을 줄 믿는다. 만일 방해하는 자가 있다면 우리는 그놈의 생명을 용대容貸하지 않으리라.

4256년 1월 일
의열단

2 문맥상 일부 현대문으로 고침.

서슬 퍼런 일제의 심장부를 향해 애국심 하나로 돌진하는 젊은이들의 품속에 들어 있던 권총과 폭탄, 그리고 조선혁명선언과 「조선총독부 소속 각 관공리에게」를 상상해 보라! 빼앗긴 조국을 되찾고 민중이 주인으로 사는 이상적인 국가를 건설하려는 일념으로 젊은 청춘을 초개와 같이 던져버린 의열단원들! 그 뜨거운 이름들이 가슴에 품었던 조선혁명선언은 대한민국 독립운동사의 가장 중요한 자리를 차지하고 있다.

2. 조선혁명선언의 탄생

조선혁명선언이 탄생하는 배경은 1922년 봄으로 거슬러 올라간다.

일본 육군 대장 전중의일田中義(1864-1929, 다나카 기이치)이 필리핀에서 상해로 온다는 첩보를 입수한 의열단은 오성륜吳成崙(1900-1945), 김익상金益相(1895-1943), 이종암李鍾巖(1896-1930) 등 세 명의 의열단원이 출격하여 상해 항구에서 전중의일을 공격하려는 작전을 수립했다. 전중의일이 배에서 내릴 때 오성륜이 총격을 가하고, 차량으로 이동할 때 김익상이 저격하고, 차량에 탑승하면 이종암이 폭탄을 던지는 것이 작전 계획이었다.

그러나 우리가 흔히 '황포탄 의거'라 부르는 이 거사는 결국 실패한다. 오히려 오성륜의 빗나간 총탄에 당시 관람객 인파에 섞여 있던 한 여인이 희생당하는 비극이 발생하였다. 그녀는 영국인 남편과 결혼하여 신혼여행 중이던 미국인 부인이었다. 일본 육군 대장을 응징하여 일제의 침략 만행을 만방에 알리고 한국 독립운동의 기상을 보여주려던 의열단의 거사는 그렇게 전혀 엉뚱한 국면으로 흘러갔다.

그러잖아도 의열단이 눈엣가시였던 일제는 한국인 테러리스트에 의해 미국인 신혼 부인이 사망했다는 외신을 국제연맹 동맹국들을 중심으로 세계에 알렸고, 한국의 의열단은 자긍심 충만한 무장 독립운동 비밀결사에서 하루아침에 세계적인 테러 집단으로 전락하는 신세가 되었다. 국제여론에 밀린 대한민국임시정부마저 의열단과의 관계를 단절하고, 이후 의열단은 체포된 동지들을 위한 변호사도 선임하지 못한 채 대내외적으로 극심한 좌절과 고립의 침체기로 접어들었다.

얼마쯤 후, 의열단장 김원봉金元鳳(1898-1958)이 고심 끝에 북경으로 신채호를 찾아왔다. 일본 제국주의 타도를 위해 한때 사기충천했던 의열단의 정당성을 세상에 알리고 국내외 민중의 여론을 의열단 쪽으로 되돌릴 수 있는 사상적 무기가 필요했다. 김원봉의 절박한 이야기를 듣고 난 신채호는 조용한 목소리로 말했다.

"안중근 의사는 자신이 대한의군 참모중장으로 적국의 수괴를 응징한 것이므로 민간 법정이 아닌 군사 법정에서 재판할 것을 요구했소. 자신이 테러리스트가 아니라 적을 죽이고 포로가 된 군인이란 점을 분명히 밝힌 것이지요. 우리 의열단이 테러 단체가 아니라 침략국인 일제에 맞서 싸우는 '준군사조직'임을 만방에 알립시다."

당시 신채호는 43세의 장년長年이었고, 김원봉은 25세의 청년이었다. 신채호는 사랑하는 아내 박자혜朴慈惠(1895-1943)와 두 살배기 어린 아들 신수범申秀凡(1921-1991)을 서울로 떠나보내고 홀로 북경에 기거하며 국민대표회의[3] 준비에 몰두하고 있었다.

북경에서의 일을 서둘러 마무리하고 신채호는 곧바로 상해로 간다. 의열단원들은 자신들의 활동 근거지와 군사훈련 과정을 신채호에게 자세히 보여준 뒤, 조선혁명선언을 집필할 수 있는 조용한 객관을 마련하였다. 그렇게 한 시대를 뛰어넘어 대한민국 혁명사의 등불을 밝힌 유일무이한 혁명선언이 탄생한다. 이때가 1922년 12월이었다.

3. 조선혁명선언의 내용

조선혁명선언은 모두 5장으로 구성되었다.

1장은 일제가 한국을 침략하여 벌이는 비극적인 참상에 대하여 비교적 상세하게 서술하고 있다. 주로 두 가지 분야에 집중하여 서술하였는데 전반에는 제국주의 식민 정책의 주요 목적인 경제적 착취에 많은 부분을 할애하였다.

후반에는 일제가 역사 왜곡을 통해 한반도 식민 통치를 정당화하려는 시도와 이에 대한 저항 운동을 참혹하게 진압하는 일제의 만행을 비판하고 있다. 을사늑약부터 1920년 간도참변까지 차마 입에 담을 수 없는 일제의 만행을 열거하며, 일제를 살벌하고 축출해야만 하는 혁명의 시작을 선언한다.

2장은 1920년대 일제 식민 통치에 동조했던 '내정독립론자', '자치론자',

3 대한민국임시정부의 정책 노선과 운영 방식에 대하여 새로운 조직을 구성하자는 창조파, 임정을 보완하자는 개조파, 그대로 운영하자는 옹호파 등으로 나뉘어 1923년 1월부터 상해 프랑스 조계지에서 열렸던 회의. 국내외 125명의 독립운동가가 모여 6개월에 걸쳐 논의를 거듭했으나 갈등과 견해의 폭을 좁히지 못하고 별다른 성과 없이 막을 내렸다.

'참정권론자', '문화운동론자' 등을 비판하는 내용이다.

"조선의 내정은 조선의 손으로 한다."는 이른바 내정 독립의 허구성과 줄줄이 '내정독립 청원서'를 일본 의회에 제출하는 친일파들의 행태, 1만여 명의 서명을 받은 '참정권 청원서'를 일본 의회에 제출했다가 애국지사에게 살해당한 친일파 등을 거명한다. 더불어 일제가 식민지를 착취하는 제국주의라는 본질을 버리지 않는 한 그 식민지 국민이 부여받은 자치권이란 결국 허명에 불과하다는 점을 강조한다.

문화운동론 역시 일제의 검열이나 압수에 타협하고 그들의 눈치와 비위를 맞추면서 몇몇 신문과 잡지를 운영하는 것은 오히려 한국 독립운동의 방해물이 될 뿐이라고 경고한다.

3장은 '외교론'과 '준비론'에 대한 비판이다.

신채호는 외교론을 비판하면서 19세기 후반 이미 스러져 가는 조선에서부터 위정자들이 외교라는 명분 아래 다투어 외국의 지원에 의존하려 했던 사례를 뼈아프게 상기시킨다. 3·1운동 당시에도 사람들이 모이는 시위 현장마다 '파리강화회의'와 '국제연맹'에서 한국을 독립시켜 줄 것이라는 엉터리 선전 선동이 난무하여 민중의 진정한 독립투쟁의 열기를 잠재워 버렸다고 안타까워하고 있다.

준비론에 대해서는, 일제는 이미 세계 일류 수준의 경제력과 군사력으로 승승장구하는데 식민지로 모든 것을 수탈당하고 망명지를 전전하는 한국인들이 그에 걸맞은 정치, 경제, 군사, 교육, 문화 따위를 준비하고 양성한들 어떻게 일제와 상대가 될 수 있느냐 되묻는다. 일제가 정치 경제 두 방면을 압박하고 있는데 무엇으로 어떻게 실업을 발전하며, 어디서 군인을 양성하며, 양성한들 일제 군사력의 백분의 일이라도 되겠느냐고 탄식하면서 마침내 '민중 직접혁명'의 포문을 연다.

4장에서는 민중 직접혁명의 기본 이론과 맥락, 그리고 구체적인 방법에 대하여 본격적인 주장을 펼친다.

조선혁명선언의 민중 직접혁명은 우리나라 근현대사를 두루 관통하는 모든 혁명에 적용되는 낡은 체제의 파괴와 새로운 질서의 건립을 의미하는 기본적인 혁명이다. 민중이 곧 민중 자신을 위해 스스로 하는 혁명이기에 '민중혁명'이고 '직접 혁명'이다.

민중이 직접 하는 혁명이기 때문에 힘의 우열이나 강약을 걱정할 필요가 없고, 경제력이나 군사력과 상관없이 제왕의 권력이나 외적도 물리칠 수 있다고 확신한다. 오로지 민중의 힘만을 믿는 것이 민중혁명이다. 더불어 민중 직접혁명을 성공하기 위해 반드시 갖춰야 할 절대적 요소가 바로 '민중'과 '폭력'임을 강조한다. 두 가지 중에 단 하나라도 없다면 혁명은 실패하고 만다.

4장의 말미에는 민중과 폭력을 위해 사용하는 의열단의 '5파괴 7가살'을 4가지로 단순하게 압축하는 작업을 한다. 어쨌든 사람의 목숨을 다루는 일이므로 대상에 대한 불필요한 논란이 생길 여지를 없애려는 의도가 담긴 것으로 보인다.

5장은 민중 직접혁명의 구체적인 대상과 목적을 설명하고 있는데 전반에 걸쳐 민중혁명에 왜 폭력이 반드시 수반되어야 하는지를 자세히 부연하고 있다.

핵심은, 폭력이란 곧 '건설을 위한 파괴'를 의미한다는 것이다. 새집을 짓기 위해 헌 집을 부수는 것이 바로 폭력이다. 헌 집을 부수는 폭력 없이는 결코 몇백 년이 지나도 민중혁명의 성공이라는 새집을 지을 수 없다.

후반부에는 조선혁명선언의 민중 직접혁명이 도달하여 이루고자 하는 '이상적인 조선'이 다소 축약적인 형태로 등장한다. "고유적 조선의", "자유적 조선 민중의", "민중적 경제의", "민중적 사회의", "민중적 문화의" 조선을 건설하기 위하여 민중혁명을 수행하는 것이며, 그 혁명의 장애물을 폭력으로 파괴해야 한다고 주장한다.

그리고 마지막 5장의 끝에는 "민중은 우리 혁명의 대본영이다."로 시작하는 저 유명한 의열단 슬로건이 전체 6,306자의 대미를 장식한다.

4. 조선혁명선언의 사상과 의의

흔히 당시에 국내외 각처에서 작성되었던 독립선언서[4] 가운데 몇몇 유명한 독립선언서와 묶어 '일제강점기 3대 독립선언서', 혹은 '일제강점기 3대 문장' 같은 표현이 공공연히 나돌아 다니고 있지만, 이는 신채호의 조선혁명선언이 여타 독립선언서와는 근본적으로 종류가 다른 '혁명선언서'란 점을 간과한 결과다.

수없이 반복하지만, 조선혁명선언은 우리 근현대사에 빛나는 유일무이한 혁명 선언이다. 따라서 우리는 이 선언이 다만 일제 식민 통치에 저항하는 독립운동만을 위한 선언이 아니라는 점에 유의해야 한다. 단지 그뿐이라면 신채호 역시 굳이 '혁명 선언'이란 제목에 집착할 이유가 없었다.

신채호가 조선혁명선언을 쓴 진짜 이유는 우리 민족의 근현대사를 관통

4 연구에 따라 다르지만 대략 70여 종에 이른다는 견해가 있다.

하는 역사적 혁명 정신에 대한 당신의 사상과 이념을 총체적으로 집약하고 싶었기 때문이다. 따라서 이 조선혁명선언에는 봉건시대를 청산하는 반봉건 혁명, 일제 식민지에서 벗어나는 반제국주의 혁명, 새로운 국가를 건설하는 건국 혁명, 그리고 더 좋은 나라를 만들기 위해 끝없이 이어지는 민주주의 혁명까지 아우르는 통렬한 민중혁명의 테제가 모두 담겨 있다.

신채호가 만약 봉건시대에 살았다면 이 혁명 선언 때문에 봉건 체제의 극심한 공격을 받았을 것이며, 일제강점기에 유독 처절한 탄압을 받은 것도 바로 이 혁명 선언 때문이며, 이미 유명을 달리한 해방 이후 한국 현대사 속에서 독재정권에 의한 박해와 탄압이 끝없이 이어진 까닭도 역시 이 혁명 선언 때문이었다.

이후로 이 혁명 선언을 중심으로 하는 신채호의 올곧은 혁명 이념과 민중 정신은 우리 현대사에서 송두리째 제거되었다. 다만 식민사학을 중심으로 이와 적당히 야합한 개량 민족사학자들의 손에 의해 국수적 민족사관의 주창자로서 겨우 독립운동가의 명성을 유지했을 뿐이다.

그렇듯 우리는 현대사 속에서 신채호의 정신과 사상을 온전히 배울 수 없었다.

신채호 이름 앞에 붙어야 할 첫째 수식어는 누가 뭐라 해도 한국 민주주의의 초석을 다진 민중혁명의 선구자라 해야 옳다. 물론 당시가 일제 식민지였으니 제국주의에 맞서 싸우는 독립운동이 가장 시급한 당면 과제였을 뿐, 신채호가 조선혁명선언에서 제시한 혁명의 테제는 백 년이 지난 21세기 현재도 여전히 유효하다. 아직도 시퍼렇게 진행형이다.

그것이 우리가 다시 조선혁명선언을 읽어야 할 이유다.

조선혁명선언 전문

朝鮮革命宣言

원문

朝鮮革命宣言[5]

一

强盜 日本이 우리의 國號를 없이 하며, 우리의 政權을 빼앗으며, 우리의 生存的 必要條件을 다 剝奪하엿다. 經濟의 生命인 山林·川澤·鐵道·鑛山·漁場…… 乃至 小工業 原料까지 다 빼앗어, 一切의 生産 機能을 칼로 버이며, 독기로 끊고, 土地稅·家屋稅·人口稅·家畜稅·百一稅·地方稅·酒草稅·肥料稅·種子稅·營業稅·淸潔稅·所得稅…… 其他 各種 雜稅가 逐日 增加하야, 血液은 있는 대로 다 빨아가고, 如干 商業家들은 日本의 製造品을 朝鮮人에게 媒介하는 中間人이 되야 차차 資本集中의 原則下에 滅亡할 뿐이오. 大多數 人民 곳 一般農民들은 피땀을 흘니어 土地를 갈아, 그 終年所得으로 一身과 妻子의 糊口거리도 남기지 못하고 우리를 잡아 먹으랴는 日本 强盜에게 進供하야 그 살을 찌워주는 永世의 牛馬가 될 뿐이오. 乃終에는 그 牛馬의 生活도 못하게 日本 移民의 輸入이 年年 高度의 速率로 增加하야, 『딸깍발이』 등살에 우리 民族은 발 드딀 땅이 없어 山으로, 물로, 西間島로, 北間島로, 西比利亞의 荒野로 몰니어가 餓鬼부터 流鬼가 될 뿐이며.

强盜 日本이 憲兵政治·警察政治를 勵行하야 우리 民族이 寸步의 行

5 1923년 당시 발표했던 조선혁명선언의 원문 6,306자를 일체 수정 없이 그대로 옮긴 것이다. 당시의 고어 표기는 물론 현재 우리나라에서 사용하지 않는 중국식, 일본식 한자도 그대로 옮겼다. 유일하게 다른 점은 원문에서는 사용하지 않은 쉼표와 마침표를 필요에 따라 첨가한 것이다.

動도 任意로 못하고, 言論·出版·結社·集會의 一切 自由가 없어 苦痛과 憤恨이 있으면 벙어리의 가슴이나 만질 뿐이오. 幸福과 自由의 世界에는 눈 뜬 소경이 되고, 子女가 나면 『日語를 國語라 日文을 國文이라』하는 奴隸養成所—學校로 보내고, 朝鮮 사람으로 或 朝鮮歷史를 읽게 된다 하면 『檀君을 誣하야 素盞嗚尊의 兄弟라』 하며, 『三韓時代 漢江 以南을 日本 領地』라 한 日本 놈들의 적은 대로 읽게 되며, 新聞이나 雜誌를 본다 하면 强盜政治를 讚美하는 半日本化한 奴隸的 文字뿐이며, 똑똑한 子弟가 난다 하면 環境의 壓迫에서 厭世絶望의 墮落者가 되거나, 그렇지 않으면 『陰謀事件』의 名稱下에 監獄에 拘留되야 周牢·枷鎖·단금질·챗직질·電氣질·바늘로 손톱 밑 발톱 밑을 쑤시는, 手足을 달아매는, 코구멍에 물 붓는, 生殖器에 심지를 박는 모든 惡刑, 곳 野蠻 專制國의 刑律 辭典에도 없는 가진 惡刑을 다 당하고, 죽거나 僥倖히 살아서 獄門에 나온대야 終身不具의 廢疾者가 될 뿐이라. 그렇지 않을지라도 發明 創作의 本能은 生活의 困難에서 斷絶하며, 進取 活潑의 氣象은 境遇의 壓迫에서 消滅되야 『찍도 짹도』 못하게 各 方面의 束縛·鞭笞·驅迫·壓制를 받아 環海 三千里가 一個의 大監獄이 되야 우리 民族은 아조 人類의 自覺을 잃을 뿐 아니라 곳 自動的 本能까지 잃어 奴隸부터 機械가 되야 强盜 手中의 使用品이 되고 말 뿐이며.

强盜 日本이 우리의 生命을 草芥로 보아 乙巳 以後 十三道의 義兵 나던 各 地方에서 日本軍隊의 行한 暴行도 이로 다 적을 수 없거니와, 卽 最近 三一運動 以後 水原·宣川…… 等의 國內 各地부터 北間島·西間島·露領 沿海州 各處까지 到處에 居民을 屠戮한다, 村落을 燒火한다, 財産을 掠奪한다, 婦女를 汚辱한다, 목을 끊는다, 산채로 뭇는다, 불에 살은다, 或

一身을 두 동가리 세 동가리에 내여 죽인다, 兒童을 惡刑한다, 婦女의 生殖器를 破壞한다 하야 할 수 있는 대까지 慘酷한 手段을 쓰어서 恐怖와 戰慄로 우리 民族을 壓迫하야 人間의 『산송장』을 맨들랴 하는도다.

以上의 事實에 據하야 우리는 日本 强盜 政治 곳 異族 統治가 우리 朝鮮民族 生存의 敵임을 宣言하는 同時에 우리는 革命手段으로 우리 生存의 敵인 强盜 日本을 殺伐함이 곳 우리의 正當한 手段임을 宣言하노라.

二

內政獨立이나 參政權이나 自治를 運動하는 者 - 누구이냐?

너희들이 『東洋平和』 『韓國獨立保全』 等을 擔保한 盟約이 墨도 말으지 아니하야 三千里 疆土를 집어먹던 歷史를 잇엇는냐? 『朝鮮人民 生命 財産 自由 保護』 『朝鮮人民 幸福 增進』 等을 申明한 宣言이 땅에 떠러지지 아니하야 二千萬의 生命이 地獄에 빠지던 實際를 못 보느냐? 三一運動 以後에 强盜 日本이 또 우리의 獨立運動을 緩和식히랴고 宋秉畯·閔元植 等 一二 賣國奴를 식히어 이따위 狂論을 부름이니 이에 附和하는 者 - 盲人이 아니면 어찌 奸賊이 아니냐?

設或 强盜 日本이 果然 寬大한 度量이 있어 慨然히 此等의 要求를 許諾한다 하자. 所謂 內政 獨立을 찾고 各種 利權을 찾지 못하면 朝鮮 民族은 一般의 餓鬼가 될 뿐이 아니냐? 參政權을 獲得한다 하자. 自國의 無産階級의 血液까지 搾取하는 資本主義 强盜國의 植民地 人民이 되야 幾個 奴隸 代議士의 選出로 어찌 餓死의 禍를 救하겟느냐? 自治를 얻는다 하자. 그 何種의 自治임을 勿問하고 日本이 그 强盜的 侵略主義의 招牌인

『帝國』이란 名稱이 存在한 以上에는 그 附屬下에 있는 朝鮮人民이 어찌 區區한 自治의 虛名으로써 民族的 生存을 維持하겟느냐?

設或 强盜 日本이 突然히 佛菩薩이 되야 一朝에 總督府를 撤廢하고 各種 利權을 다 우리에게 還付하며 內政 外交를 다 우리의 自由에 맏기고, 日本의 軍隊와 警察을 一時에 撤還하며 日本의 移住民을 一時에 召還하고 다만 虛名의 宗主權만 갖인다 할지라도, 우리가 萬一 過去의 記憶이 全滅하지 아니하얏다 하면 日本을 宗主國으로 奉戴한다 함이 『恥辱』이란 名詞를 아는 人類로는 못할지니라.

日本 强盜 政治下에서 文化運動을 부르는 者 - 누구이냐? 文化는 産業과 文物의 發達한 總積을 가르치는 名詞니, 經濟 掠奪의 制度下에서 生存權이 剝奪된 民族은 그 種族의 保全도 疑問이거든 하믈며 文化 發展의 可能이 있으랴? 衰亡한 印度族·猶太族도 文化가 있다 하지만 一은 金錢의 力으로 그 祖先의 宗敎的 遺業을 繼續함이며, 一은 그 土地의 廣과 人口의 衆으로 上古의 自由 發達한 餘澤을 保守함이니, 어대 蚊虻같이 豺狼같이 人血을 빨다가 骨髓까지 깨무는 强盜 日本의 입에 물닌 朝鮮 같은 대서 文化를 發展 或 保存한 前例가 있던냐? 檢閱, 押收 모든 壓迫 中에 幾個 新聞雜誌를 갖이고 『文化運動』의 木鐸으로 自鳴하며 强盜의 脾胃에 거슬이지 아니할 만한 言論이나 主唱하야 이것을 文化發展의 過程으로 본다 하면, 그 文化發展이 돌이어 朝鮮의 不幸인가 하노라.

以上의 理由에 據하야 우리는 우리의 生存의 敵인 强盜 日本과 妥協하랴는 者(內政獨立·自治·參政權 等 論者)나 强盜 政治下에서 寄生하랴는 主義를 갖인 者(文化運動者)나 다 우리의 敵임을 宣言하노라.

三

强盜 日本의 驅逐을 主張하는 가운대 또 如左한 論者들이 있으니.

第一은 外交論이니, 李朝 五百年 文弱政治가 『外交』로써 護國의 長策을 삼아 더욱 그 末世에 尤甚하야 甲申 以來 維新黨·守舊黨의 盛衰가 거의 外援의 有無에서 判決되며, 爲政者의 政策은 오직 甲國을 引하야 乙國을 制함에 不過하얏고, 그 依賴의 習性이 一般 政治 社會에 傳染되야, 卽 甲午 甲辰 兩 戰役에 日本이 累十万의 生命과 累億万의 財産을 犧牲하야 淸露 兩國을 물니고 朝鮮에 對하야 强盜的 侵略主義를 貫徹하랴 하는데, 우리 朝鮮의 『祖國을 사랑한다, 民族을 건지랴 한다』 하는 이들은 一劍一彈으로 昏庸貪暴한 官吏나 國賊에게 던지지 못하고 公函이나 列國 公館에 던지며, 長書나 日本 政府에 보내야 國勢의 孤弱을 哀訴하야 國家存亡·民族死活의 大問題를 外國人·甚至於 敵國人의 處分으로 決定하기만 기다리엇도다. 그래서 『乙巳條約』 『庚戌合倂』 - 곳 『朝鮮』이란 일홈이 생긴 뒤 累千年만의 처음 當하던 恥辱에 朝鮮民族의 憤怒的 表示가 겨우 哈爾濱의 총·鍾峴의 칼·山林 儒生의 義兵이 되고 말엇도다. 아, 過去 數十年 歷史야말로 勇者로 보면 唾罵할 歷史가 될 뿐이며 仁者로 보면 傷心할 歷史가 될 뿐이다. 그리고도 國亡 以後 海外로 나아가는 某某 志士들의 思想이 무엇보다도 먼저 『外交』가 그 第一章 第一條가 되며, 國內 人民의 獨立運動을 煽動하는 方法도 『未來의 日美戰爭·日露戰爭 등 機會』가 거의 千篇一律의 文章이엇섯고, 最近 三一運動에 一般 人事의 『平和會義』·『國際聯盟』에 對한 過信의 宣傳이 돌이어 二千萬 民衆의 奮勇前進 意氣를 打消하는 媒介가 될 뿐이엇도다.

第二는 準備論이니 乙巳條約의 當時에 列國 公館에 비발덧듯하던 조희쪽으로 넘어가는 國權을 붓잡지 못하며, 丁未年의 海牙密使도 獨立 恢復의 福音을 안고 오지 못하매 이에 차차 外交에 對하야 疑問이 되고 戰爭아니면 않되겟다는 判斷이 생기엇다. 그렇나 軍人도 없고 武器도 없이 무엇으로써 戰爭하겟느냐? 山林儒生들은 春秋大義에 成敗를 不計하고 義兵을 募集하야 峩冠大衣로 指揮의 大將이 되며, 산양 捕手의 火繩隊를 몰아갖이고 朝日戰爭의 戰鬪線에 나섯지만, 新聞쪽이나 본 이들 - 곳 時勢를 斟酌한다는 이들은 그리할 勇氣가 아니 난다. 이에『今日今時로 곳 日本과 戰爭한다는 것은 妄發이다. 총도 작만하고, 돈도 작만하고, 大砲도 작만하고, 將官이나 士卒가음까지라도 다 작만한 뒤에야 日本과 戰爭한다』함이니, 이것이 이른바 準備論 곳 獨立戰爭을 準備하자 함이다. 外勢의 侵入이 더할사록 우리의 不足한 것이 작구 感覺되야 그 準備論의 範圍가 戰爭 以外까지 擴張되야 教育도 振興하야겟다, 商工業도 發展하야겻다, 其他 무엇무엇 一切가 모다 準備論의 部分이 되얏섯다. 庚戌以後 各志士들이 或 西北間島의 森林을 더듬으며, 或 西比利亞의 찬바람에 배부르며, 或 南北京으로 돌아단이며, 或 美洲나『하와이』로 들어가며, 或 京鄕에 出沒하야 十餘星霜 內外各地에서 목이 텃일만치 準備! 準備!를 불럿지만 그 所得이 몇 개 不完全한 學校와 實力없는 會뿐이엇섯다. 그렇나 그들의 誠力의 不足이 아니라 實은 그 主張의 錯誤이다. 强盜 日本이 政治經濟 兩 方面으로 驅迫을 주어 經濟가 날로 困難하고 生産機關이 全部 剝奪되야 衣食의 方策도 斷絶되는 때에 무엇으로? 어떻게? 實業을 發展하며? 教育을 擴張하며? 더구나 어대서? 얼마나? 軍人을 養成하며? 養成한들 日本 戰鬪力의 百分之一의 比較라도 되게 할 수 있느냐? 實로 一場

의 잠고대가 될 뿐이로다.

以上의 理由에 依하야 우리는 『外交』 『準備』 等의 迷夢을 바리고 民衆直接革命의 手段을 取함을 宣言하노라.

四

朝鮮民族의 生存을 維持하자면 强盜 日本을 驅逐할지며, 强盜 日本을 驅逐하자면 오즉 革命으로써 할 뿐이니 革命이 아니고는 强盜 日本을 驅逐할 方法이 없는 바이다.

그렇나 우리가 革命에 從事하랴면 어느 方面부터 着手하겟나뇨?

舊時代의 革命으로 말하면, 人民은 國家의 奴隷가 되고 그 以上에 人民을 支配하는 上典, 곳 特殊勢力이 있어 그 所謂 革命이란 것은 特殊勢力의 名稱을 變更함에 不過하얏다. 다시 말하자면, 곳 『乙』의 特殊勢力으로 『甲』의 特殊勢力을 變更함에 不過하얏다. 그렇므로 人民은 革命에 對하야 다만 甲乙 兩 勢力 곳 新舊 兩 上典 중 孰仁, 孰暴, 孰善, 孰惡을 보아 그 向背를 定할 뿐이오 直接의 關係가 없엇다. 그리하야 『誅其君而吊其民』이 革命의 惟一 宗旨가 되고 『簞食壺漿以迎王師』가 革命史의 惟一 美談이 되엿섯거니와, 今日 革命으로 말하면 民衆이 곳 民衆 自己를 爲하야 하는 革命인 故로 『民衆革命』이라 『直接革命』이라 稱함이며, 民衆直接의 革命인 故로 그 沸騰 澎漲의 熱度가 數字上 强弱 比較의 觀念을 打破하며, 그 結果의 成敗가 매양 戰爭學上의 定軌에 逸出하야 無錢無兵한 民衆으로 百萬의 軍隊와 億萬의 富力을 갖인 帝王도 打倒하며 外寇도 驅逐하나니, 그렇므로 우리 革命의 第一步는 民衆 覺悟의 要求니라.

民衆이 어떻게 覺悟하느뇨?

民衆은 神人이나 聖人이나 어떤 英雄豪傑이 있어 『民衆을 覺悟』하도록 指導하는 대서 覺悟하는 것도 아니오, 『民衆아 覺悟하자』 『民衆이여 覺悟하여라』 그런 熱叫의 소리에서 覺悟하는 것도 아니오.

오즉 民衆이 民衆을 爲하야 一切 不平, 不自然, 不合理한 民衆 向上의 障碍부터 먼저 打破함이 곳 『民衆을 覺悟케』 하는 惟一 方法이니, 다시 말하자면 곳 先覺한 民衆이 民衆의 全體를 爲하야 革命的 先驅가 됨이 民衆 覺悟의 第一路니라.

一般 民衆이 飢·寒·困·苦·妻呼·兒啼·納稅의 督捧·私債의 催促·行動의 不自由 모든 壓迫에 졸니어, 살랴니 살 수 없고 죽으랴 하야도 죽을 바를 모르는 판에, 萬一 그 壓迫의 主因되는 强盜政治의 施設者인 强盜들을 擊斃하고, 强盜의 一切 施設을 破壞하고, 福音이 四海에 傳하며 萬衆이 同情의 눈물을 뿌리어, 이에 人人이 그 『餓死』 以外에 오히려 革命이란 一路가 남아 있음을 깨달아, 勇者는 그 義憤에 못 이기어, 弱者는 그 苦痛에 못 견대어, 모다 이 길로 모아들어 繼續的으로 進行하며, 普遍的으로 傳染하야 擧國一致의 大革命이 되면 奸猾殘暴한 强盜 日本이 畢竟 驅逐되는 날이라. 그렇므로 우리의 民衆을 喚醒하야 强盜의 統治를 打倒하고 우리 民族의 新生命을 開拓하자면, 養兵十万이 一擲의 炸彈만 못하며 億千張 新聞雜誌가 一回 暴動만 못할지니라.

民衆의 暴力的 革命이 發生치 아니하면 근어니와, 이미 發生한 以上에는 마치 懸崖에서 굴니는 돍과 같하야 目的地에 到達하지 아니하면 停止하지 않는 것이라. 우리 근往의 經過로 말하면 甲申政變은 特殊勢力이 特殊勢力과 싸우던 宮中 一時의 活劇이 될 뿐이며, 庚戌 前後의 義兵들은

忠君愛國의 大義로 激起한 讀書階級의 思想이며, 安重根·李在明 等 烈士의 暴力的 行動이 熱烈하얏지만 그 後面에 民衆的 力量의 基礎가 없엇으며, 三一運動의 萬歲소리에 民衆的 一致의 意氣가 瞥現하엿지만 또한 暴力的 中心을 갖이지 못하엿도다. 『民衆·暴力』 兩者의 其一만 빠지면 비록 轟烈壯快한 擧動이라도 또한 雷電같이 收束하는도다.

朝鮮 안에 强盜 日本의 製造한 革命 原因이 산같이 싸히엇다. 언제든지 民衆의 暴力的 革命이 開始되야 『獨立을 못하면 살지 않으리라』 『日本을 驅逐하지 못하면 물너서지 않으리라』는 口號를 갖이고 繼續 前進하면 目的을 貫徹하고야 말지니, 이는 警察의 칼이나 軍隊의 총이나 奸猾한 政治家의 手段으로도 막지 못하리라.

革命의 記錄은 自然히 慘絶壯絶한 記錄이 되리라. 그렇나 물너서면 그 後面에는 黑暗한 陷穽이오, 나아가면 그 全面에는 光明한 活路니 우리 朝鮮民族은 그 慘絶壯絶한 記錄을 그리면서 나아갈 뿐이니라.

이제 暴力 - 暗殺·破壞·暴動 - 의 目的物을 大略 列擧하건대,

一, 朝鮮總督 及 各 官公吏

二, 日本 天皇 及 各 官公吏

三, 偵探奴·賣國賊

四, 敵의 一切 施設物

此外에 各 地方의 紳士나 富豪가 비록 現著이 革命運動을 妨害한 罪가 없을지라도, 만일 言語 或 行動으로 우리의 運動을 緩和하고 中傷하는 者는 우리의 暴力으로써 對付할지니라. 日本人 移住民은 日本 强盜政治의 機械가 되야 朝鮮 民族의 生存을 威脅하는 先鋒이 되야 있은즉 또한 우리의 暴力으로 驅逐할지니라.

五

革命의 길은 破壞부터 開拓할지니라. 그렇나 破壞만 하랴고 破壞하는 것이 아니라 建設하랴고 破壞하는 것이니, 만일 建設할 줄을 모르면 破壞할 줄도 모를지며 破壞할 줄을 모르면 建設할 줄도 모를지니라. 建設과 破壞가 다만 形式上에서 보아 區別될 뿐이오 情神上에서는 破壞가 곳 建設이니, 이를테면 우리가 日本 勢力을 破壞하랴는 것이 第一은 異族統治를 破壞하자 함이다. 웨? 『朝鮮』이란 그 위에 『日本』이란 異族 그것이 專制하야 있으니, 異族 專制의 밑에 있는 朝鮮은 固有的 朝鮮이 아니니 固有的 朝鮮을 發見하기 爲하야 異族統治를 破壞함이니라. 第二는, 特權階級을 破壞하자 함이다. 웨? 『朝鮮民衆』이란 그 위에 總督이니 무엇이니 하는 强盜團의 特權階級이 壓迫하야 있으니, 特權階級의 壓迫 밑에 있는 朝鮮民衆은 自由的 朝鮮民衆이 아니니 自由的 朝鮮民衆을 發見하기 爲하야 特權階級을 打破함이니라. 第三은 經濟掠奪制度를 破壞하자 함이다. 웨? 掠奪制度 밑에 있는 經濟는 民衆 自己가 生活하기 爲하야 組織한 經濟가 아니오 곳 民衆을 잡아먹으랴는 强盜의 살을 찌우기 爲하야 組織한 經濟니, 民衆生活을 發展하기 爲하야 經濟 掠奪制度를 破壞함이니라. 第四는 社會的 不平均을 破壞하자 함이다. 웨? 弱者 以上에 强者가 있고 賤民 以上에 貴者가 있어 모든 不平均을 갖인 社會는 서로 掠奪, 서로 剝削, 서로 嫉妬仇視하는 社會가 되야, 처음에는 小數의 幸福을 爲하야 多數의 民衆을 殘害하다가 末竟에는 또 小數끼리 서로 殘害하야 民衆 全體의 幸福이 畢竟 數字上의 空이 되고 말 뿐이니, 民衆 全體의 幸福을 增進하기 爲하야 社會的 不平均을 破壞함이니라. 第五는 奴隸的 文化思想을 破壞하자

함이다. 웨? 遺來하던 文化思想의 宗教·倫理·文學·美術·風俗·習慣 그 어느 무엇이 强者가 製造하야 强者를 擁護하던 것이 아니더냐? 强者의 娛樂에 供給하던 諸具가 아니더냐? 一般 民衆을 奴隷化케 하던 痲醉劑가 아니더냐? 小數階級은 强者가 되고 多數 民衆은 돌이어 弱者가 되야 不義의 壓制를 反抗치 못함은 專혀 奴隷的 文化思想의 束縛을 받은 까닭이니, 만일 民衆的 文化를 提唱하야 그 束縛의 鐵鎖를 끊지 아니하면 一般 民衆은 權利思想이 薄弱하며 自由 向上의 興味가 缺乏하야 奴隷의 運命 속에서 輪廻할 뿐이라. 그렇므로 民衆文化를 提唱하기 爲하야 奴隷的 文化思想을 破壞함이니라. 다시 말하자면 『固有的 朝鮮의』『自由的 朝鮮 民衆의』『民衆的 經濟의』『民衆的 社會의』『民衆的 文化의』 朝鮮을 『建設』하기 爲하야 『異族 統治의』『掠奪 制度의』『社會的 不平均의』『奴隷的 文化思想의』 現象을 打破함이니라. 그런즉 破壞的 情神이 곳 建設的 主張이라, 나아가면 破壞의 『칼』이 되고 들어오면 建設의 『旗』가 될지니, 破壞할 氣魄은 없고 建設할 癡想만 있다하면 五百年을 經過하야도 革命의 꿈도 꾸어 보지 못할지니라. 이제 破壞와 建設이 하나이오 둘이 아닌 줄 알진대, 民衆的 破壞 앞에는 반드시 民衆的 建設이 있는 줄 알진대, 現在 朝鮮民衆은 오즉 民衆的 暴力으로 新朝鮮 建設의 障碍인 强盜 日本 勢力을 破壞할 것뿐인 줄을 알진대, 朝鮮 民衆이 한편이 되고 日本 强盜가 한편이 되야 네가 亡하지 아니하면 내가 亡하게 된 『외나무다리 위』에 선 줄을 알진대, 우리 二千萬 民衆은 一致로 暴力 破壞의 길로 나아갈지니라.

民衆은 우리 革命의 大本營이다.

暴力은 우리 革命의 惟一 武器이다.

우리는 民衆 속에 가서 民衆과 携手하야

不絶하는 暴力 — 暗殺·破壞·暴動으로써
強盜 日本의 統治를 打倒하고
우리 生活에 不合理한 一切 制度를 改造하야
人類로써 人類를 壓迫지 못하며, 社會로써 社會를 剝削지 못하는
理想的 朝鮮을 建設할지니라.

四千二百五十六年 一月 日
義烈團

원문

독음본

조선혁명선언朝鮮革命宣言[6]

一

강도强盜 일본日本이 우리의 국호國號를 없이 하며, 우리의 정권政權을 빼앗으며, 우리의 생존적生存的 필요조건必要條件을 다 박탈剝奪하엿다. 경제經濟의 생명生命인 산림山林·천택川澤·철도鐵道·광산鑛山·어장漁場…… 내지乃至 소공업小工業 원료原料까지 다 빼앗어, 일체一切의 생산生產 기능機能을 칼로 버이며, 독기로 끊고, 토지세土地稅·가옥세家屋稅·인구세人口稅·가축세家畜稅·백일세百一稅·지방세地方稅·주초세酒草稅·비료세肥料稅·종자세種子稅·영업세營業稅·청결세淸潔稅·소득세所得稅…… 기타其他 각종各種 잡세雜稅가 축일逐日 증가增加하야, 혈액血液은 있는 대로 다 빨아가고, 여간如干 상업가商業家들은 일본日本의 제조품製造品을 조선인朝鮮人에게 매개媒介하는 중간인中間人이 되야 차차 자본집중資本集中의 원칙하原則下에 멸망滅亡할 뿐이오. 대다수大多數 인민人民 곳 일반농민一般農民들은 피땀을 흘니어 토지土地를 갈아, 그 종년소득終年所得으로 일신一身과 처자妻子의 호구糊口거리도 남기지 못하고 우리를 잡아 먹으랴는 일본日本 강도强盜에게 진공進供하야 그 살을 찌워주는 영세永世의 우마牛馬가 될 뿐이오. 내종乃終에는 그 우마牛馬의 생활生活도 못하게 일본日本 이민移民의 수입輸入이 연년年年 고도高度의 속률速率로 증가增加하야, 『딸깍발이』 등살에 우리 민

6 이 글은 한문에 익숙하지 않은 세대를 위하여 원문에 한자 독음을 첨가한 것이다. 우리말 독음 이외에는 모두 원문과 같아서 원문을 읽을 때의 장중한 느낌을 맛볼 수 있다.

족民族은 발 드딜 땅이 없어 산山으로, 물로, 서간도西間島로, 북간도北間島로, 서비리아西比利亞의 황야荒野로 몰니어가 아귀餓鬼부터 유귀流鬼가 될 뿐이며.

강도强盜 일본日本이 헌병정치憲兵政治·경찰정치警察政治를 여행勵行하야 우리 민족民族이 촌보寸步의 행동行動도 임의任意로 못하고, 언론言論·출판出版·결사結社·집회集會의 일체一切 자유自由가 없어 고통苦痛과 분한憤恨이 있으면 벙어리의 가슴이나 만질 뿐이오. 행복幸福과 자유自由의 세계世界에는 눈 뜬 소경이 되고, 자녀子女가 나면 『일어日語를 국어國語라 일문日文을 국문國文이라』하는 노예양성소奴隸養成所—학교學校로 보내고, 조선朝鮮 사람으로 혹或 조선역사朝鮮歷史를 읽게 된다 하면 『단군檀君을 무誣하야 소잔오존素盞嗚尊의 형제兄弟라』 하며, 『삼한시대三韓時代 한강漢江 이남以南을 일본日本 영지領地』라 한 일본日本 놈들의 적은 대로 읽게 되며, 신문新聞이나 잡지雜誌를 본다 하면 강도정치强盜政治를 찬미讚美하는 반일본화半日本化한 노예적奴隸的 문자文字뿐이며, 똑똑한 자제子弟가 난다 하면 환경環境의 압박壓迫에서 염세절망厭世絶望의 타락자墮落者가 되거나, 그렇지 않으면 『음모사건陰謀事件』의 명칭하名稱下에 감옥監獄에 구류拘留되야 주뢰周牢·가쇄枷鎖·단금질·챗직질·전기電氣질·바늘로 손톱 밑 발톱 밑을 쑤시는, 수족手足을 달아매는, 코구멍에 물 붓는, 생식기生殖器에 심지를 박는 모든 악형惡刑, 곳 야만野蠻 전제국專制國의 형률刑律 사전辭典에도 없는 가진 악형惡刑을 다 당하고, 죽거나 요행僥倖히 살아서 옥문獄門에 나온대야 종신불구終身不具의 폐질자廢疾者가 될 뿐이라. 그렇지 않을지라도 발명發明 창작創作의 본능本能은 생활生活의 곤란困難에서 단절斷絶하며, 진취進取 활발活潑의 기상氣象은 경우境遇의 압박壓迫에서 소멸消滅되야 『찍도 짹도』 못하게 각各 방면方面의 속박束縛·편태鞭笞·구박驅迫·압제壓制를 받아 환해環海 삼천리三千里가 일개一個의 대감옥大監獄이 되야 우리 민족民族은 아조 인류人類의 자각自覺을 잃을 뿐 아니라 곳 자동적自動的 본능本能까지 잃어 노예奴隸부터 기계機械가 되야 강도强盜 수중手中의 사용품使用品이 되고 말 뿐이며.

강도强盜 일본日本이 우리의 생명生命을 초개草芥로 보아 을사乙巳 이후以後 13도十三道의 의병義兵 나던 각各 지방地方에서 일본군대日本軍隊의 행행行行한 폭행暴行도 이로 다 적을 수 없거니와, 즉卽 최근最近 3·1운동三一運動 이후以後 수원水原·선천宣川…… 등等의 국내國內 각지各地부터 북간도北間島·서간도西間島·노령露領 연해주沿海州 각처各處까지 도처到處에 거민居民을 도륙屠戮한다, 촌락村落을 소화燒火한다, 재산財産을 약탈掠奪한다, 부녀婦女를 오욕汚辱한다, 목을 끊는다, 산채로 뭇는다, 불에 살은다, 혹或 일신一身을 두 동가리 세 동가리에 내여 죽인다, 아동兒童을 악형惡刑한다, 부녀婦女의 생식기生殖器를 파괴破壞한다 하야 할 수 있는 대까지 참혹慘酷한 수단手段을 쓰어서 공포恐怖와 전율戰慄로 우리 민족民族을 압박壓迫하야 인간人間의 『산송장』을 맨들랴 하는도다.

이상以上의 사실事實에 거據하야 우리는 일본日本 강도强盜 정치政治 곳 이족異族 통치統治가 우리 조선민족朝鮮民族 생존生存의 적敵임을 선언宣言하는 동시同時에 우리는 혁명수단革命手段으로 우리 생존生存의 적敵인 강도强盜 일본日本을 살벌殺伐함이 곳 우리의 정당正當한 수단手段임을 선언宣言하노라.

二

내정독립內政獨立이나 참정권參政權이나 자치自治를 운동運動하는 자者 - 누구이냐?

너희들이 『동양평화東洋平和』 『한국독립보전韓國獨立保全』 등等을 담보擔保한 맹약盟約이 묵墨도 말으지 아니하야 삼천리三千里 강토疆土를 집어먹던 역사歷史를 잊엇는냐? 『조선인민朝鮮人民 생명生命 재산財產 자유自由 보호保護』 『조선인민朝鮮人民 행복幸福 증진增進』 등等을 신명申明한 선언宣言이 땅에 떠러지지 아니하야 2천만二千萬의 생명生命이 지옥地獄에 빠지던 실제實際를 못 보느냐? 3·1운동三一運動 이후以後에 강도强盜 일본日本이 또 우리의 독립운동獨立運動을 완화緩和식히랴고 송병준宋秉畯·민원식閔元植 등等 일이一二 매국노賣國奴를 식히어 이따위 광론狂論을 부름이니 이에 부화附和하는 자者 - 맹인盲人이 아니면 어찌 간적奸賊이 아니냐?

설혹設或 강도强盜 일본日本이 과연果然 관대寬大한 도량度量이 있어 개연慨然히 차등此等의 요구要求를 허락許諾한다 하자. 소위所謂 내정內政 독립獨立을 찾고 각종各種 이권利權을 찾지 못하면 조선朝鮮 민족民族은 일반一般의 아귀餓鬼가 될 뿐이 아니냐? 참정권參政權을 획득獲得한다 하자. 자국自國의 무산계급無產階級의 혈액血液까지 착취搾取하는 자본주의資本主義 강도국强盜國의 식민지植民地 인민人民이 되야 기개幾個 노예奴隸 대의사代議士의 선출選出로 어찌 아사餓死의 화禍를 구救하겟느냐? 자치自治를 얻는다 하자. 그 하종何種의 자치自治임을 물문勿問하고 일본日本이 그 강도적强盜的 침략주의侵略主義의 초패招牌인 『제국帝國』이란 명칭名稱이 존재存在한 이상以上에는 그 부속하附屬下에 있는 조선인민朝鮮人民이 어찌 구구區區한 자치自治의 허명虛名으로써 민족적民族的 생존生存을 유지維持하겟느냐?

설혹設或 강도强盜 일본日本이 돌연突然히 불보살佛菩薩이 되야 일조一朝에 총독부總督府를 철폐撤廢하고 각종各種 이권利權을 다 우리에게 환부還付하며 내정內政 외교外交를 다 우리의 자유自由에 맡기고, 일본日本의 군대軍隊와 경찰警察을 일시一時에 철환撤還하며 일본日本의 이주민移住民을 일시一時에 소환召還하고 다만 허명虛名의 종주권宗主權만 갖인다 할지라도, 우리가 만일萬一 과거過去의 기억記憶이 전멸全滅하지 아니하얏다 하면 일본日本을 종주국宗主國으로 봉대奉戴한다 함이 『치욕恥辱』이란 명사名詞를 아는 인류人類로는 못할지니라.

일본日本 강도强盜 정치하政治下에서 문화운동文化運動을 부르는 자者 - 누구이냐? 문화文化는 산업産業과 문물文物의 발달發達한 총적總積을 가르치는 명사名詞니, 경제經濟 약탈掠奪의 제도하制度下에서 생존권生存權이 박탈剝奪된 민족民族은 그 종족種族의 보전保全도 의문疑問이거든 하믈며 문화文化 발전發展의 가능可能이 있으랴? 쇠망衰亡한 인도족印度族·유태족猶太族도 문화文化가 있다 하지만 일一은 금전金錢의 역力으로 그 선조祖先의 종교적宗敎的 유업遺業을 계속繼續함이며, 일一은 그 토지土地의 광廣과 인구人口의 중衆으로 상고上古의 자유自由 발달發達한 여택餘澤을 보수保守함이니, 어대 문맹蚊虻같이 시랑豺狼같이 인혈人血을 빨다가 골수骨髓까지 깨무는 강도强盜 일본日本의 입에 물닌 조선朝鮮 같은 대서 문화文化를 발전發展 혹或 보존保存한 전례前例가 있던냐? 검열檢閱, 압수押收 모든 압박壓迫 중中에 기개幾個 신문잡지新聞雜誌를 갖이고 『문화운동文化運動』의 목탁木鐸으로 자명自鳴하며 강도强盜의 비위脾胃에 거슬이지 아니할 만한 언론言論이나 주창主唱하야 이것을 문화발전文化發展의 과정過程으로 본다 하면, 그 문화발전文化發展이 돌이어 조선朝鮮의 불행不幸인가 하노라.

이상以上의 이유理由에 거據하야 우리는 우리의 생존生存의 적敵인 강도强盜 일본日本과 타협妥協하랴는 자者(내정독립內政獨立·자치自治·참정권參政權 등等 논자論者)나 강도强盜 정치하政治下에서 기생寄生하랴는 주의主義를 갓인 자者(문화운동자文化運動者)나 다 우리의 적敵임을 선언宣言하노라.

三

강도强盜 일본日本의 구축驅逐을 주장主張하는 가운대 또 여좌如左한 논자論者들이 있으니.

제일第一은 외교론外交論이니, 이조李朝 오백년五百年 문약정치文弱政治가 『외교外交』로써 호국護國의 장책長策을 삼아 더욱 그 말세末世에 우심尤甚하야 갑신甲申 이래以來 유신당維新黨·수구당守舊黨의 성쇠盛衰가 거의 외원外援의 유무有無에서 판결判決되며, 위정자爲政者의 정책政策은 오직 갑국甲國을 인引하야 을국乙國을 제制함에 불과不過하얏고, 그 의뢰依賴의 습성習性이 일반一般 정치政治 사회社會에 전염傳染되야, 즉卽 갑오甲午 갑진甲辰 양兩 전역戰役에 일본日本이 누십만累十万의 생명生命과 누억만累億万의 재산財產을 희생犧牲하야 청로淸露 양국兩國을 물니고 조선朝鮮에 대對하야 강도적强盜的 침략주의侵略主義를 관철貫徹하랴 하는데, 우리 조선朝鮮의 『조국祖國을 사랑한다, 민족民族을 건지랴 한다』 하는 이들은 일검일탄一劍一彈으로 혼용탐포昏庸貪暴한 관리官吏나 국적國賊에게 던지지 못하고 공함公函이나 열국列國 공관公館에 던지며, 장서長書나 일본日本 정부政府에 보내야 국세國勢의 고약孤弱을 애소哀訴하야 국가존망國家存亡·민족사활民族死

活의 대문제大問題를 외국인外國人·심지어甚至於 적국인敵國人의 처분處分으로 결정決定하기만 기다리엇도다. 그래서 『을사조약乙巳條約』『경술합병庚戌合倂』- 곳 『조선朝鮮』이란 일홈이 생긴 뒤 누천년累千年만의 처음 당當하던 치욕恥辱에 조선민족朝鮮民族의 분노적憤怒的 표시表示가 겨우 합이빈哈爾濱의 총·종현鍾峴의 칼·산림山林 유생儒生의 의병義兵이 되고 말엇도다. 아, 과거過去 수십년數十年 역사歷史야말로 용자勇者로 보면 타매唾罵할 역사歷史가 될 뿐이며 인자仁者로 보면 상심傷心할 역사歷史가 될 뿐이다. 그리고도 국망國亡 이후以後 해외海外로 나아가는 모모某某 지사志士들의 사상思想이 무엇보다도 먼저 『외교外交』가 그 제일장第一章 제일조第一條가 되며, 국내國內 인민人民의 독립운동獨立運動을 선동煽動하는 방법方法도 『미래未來의 일미전쟁日美戰爭·일로전쟁日露戰爭 등 기회機會』가 거의 천편일률千篇一律의 문장文章이엇섯고, 최근最近 3·1운동三一運動에 일반一般 인사人事의 『평화회의平和會義』·『국제연맹國際聯盟』에 대對한 과신過信의 선전宣傳이 돌이어 이천만二千萬 민중民衆의 분용전진奮勇前進 의기意氣를 타소打消하는 매개媒介가 될 뿐이엇도다.

제이第二는 준비론準備論이니 을사조약乙巳條約의 당시當時에 열국列國 공관公館에 비발덧듯하던 조희쪽으로 넘어가는 국권國權을 붓잡지 못하며, 정미년丁未年의 해아밀사海牙密使도 독립獨立 회복恢復의 복음福音을 안고 오지 못하매 이에 차차 외교外交에 대對하야 의문疑問이 되고 전쟁戰爭 아니면 않되겟다는 판단判斷이 생기엇다. 그렇나 군인軍人도 없고 무기武器도 없이 무엇으로써 전쟁戰爭하겟느냐? 산림유생山林儒生들은 춘추대의春秋大義에 성패成敗를 불계不計하고 의병義兵을 모집募集하야 아관대의峩冠大衣로 지휘指揮의 대장大將이 되며, 산양 포수捕手의 화승대火繩隊를 몰아갓이고 조일전쟁朝日戰爭의 전투선戰鬪線에 나섯지만, 신문新聞쪽이나 본 이들 - 곳 시세時勢를 짐작斟酌한다는 이들은 그리할 용기勇氣가 아니 난다. 이에 『금일금시今日今時로 곳 일본日本과 전쟁戰爭한다는 것은 망발妄發이다. 총도 작만하고, 돈도 작만하고, 대포大砲도 작만하고, 장관將官이나 사졸士卒가음까지라도 다 작만한 뒤에야 일본日本과 전쟁戰爭한다』 함이니, 이것이 이른바 준비론準備論 곳 독립전쟁獨立戰爭을 준비準備하자 함이다. 외세外勢의 침입侵入이 더할사록 우리의 부족不足한 것이 작구 감각感覺되야 그 준비론準備論의 범위範圍가 전쟁戰爭 이외以外까지 확장擴張되야 교육敎育도 진흥振興하야겟다, 상공업商工業도 발전發展하야겻다, 기타其他 무엇무엇 일체一切가 모다 준비론準備論의 부분部分이 되얏섯다. 경술이후庚戌以後 각各 지사志士들이 혹或 서북간도西北間島의 삼림森林을 더듬으며, 혹或 서비리아西比利亞의 찬바람에 배부르며, 혹或 남북경南北京으로 돌아단이며, 혹或 미주美洲나 『하와이』로 들어가며, 혹或 경향京鄕에 출몰出沒하야 십여성상十餘星霜 내외각지內外各地에서 목이 텃일만치 준비準備! 준비準備!를 불럿지만 그 소득所得이 몇 개 불완전不完全한 학교學校와 실력實力없는 회會뿐이엇섯다. 그렇나 그들의 성력誠力의 부족不足이 아니라 실實은 그 주장主張의 착오錯誤이다. 강도强盜 일본日本이 정치경제政治經濟 양兩 방면方面으로 구박驅迫을 주어 경제經濟가 날로 곤란困難하고 생산기관生産機關이 전부全部 박탈剝奪되야 의식衣食의 방책方策도 단절斷絶되는 때에 무엇으로? 어떻게? 실업實業을 발전發展하며? 교육敎育을 확장擴張하며? 더구나 어대서? 얼마나? 군인軍人을 양성養成하며? 양성養成한들 일본日本 전투력戰鬪力의 백분지百分之 일一의 비교比較라도 되게 할 수 있느냐? 실實로 일장一場의 잠고대가 될 뿐이로다.

이상以上의 이유理由에 의依하야 우리는 『외교外交』 『준비準備』 등等의 미몽迷夢을 바리고 민중民衆 직접혁명直接革命의 수단手段을 취取함을 선언宣言하노라.

四

조선민족朝鮮民族의 생존生存을 유지維持하자면 강도强盜 일본日本을 구축驅逐할지며, 강도强盜 일본日本을 구축驅逐하자면 오즉 혁명革命으로써 할 뿐이니 혁명革命이 아니고는 강도强盜 일본日本을 구축驅逐할 방법方法이 없는 바이다.

그렇나 우리가 혁명革命에 종사從事하랴면 어느 방면方面부터 착수着手하겟나뇨?

구시대舊時代의 혁명革命으로 말하면, 인민人民은 국가國家의 노예奴隷가 되고 그 이상以上에 인민人民을 지배支配하는 상전上典, 곳 특수세력特殊勢力이 있어 그 소위所謂 혁명革命이란 것은 특수세력特殊勢力의 명칭名稱을 변경變更함에 불과不過하얏다. 다시 말하자면, 곳 『을乙』의 특수세력特殊勢力으로 『갑甲』의 특수세력特殊勢力을 변경變更함에 불과不過하얏다. 그렇므로 인민人民은 혁명革命에 대對하야 다만 갑을甲乙 양兩 세력勢力 곳 신구新舊 양兩 상전上典 중 숙인孰仁, 숙포孰暴, 숙선孰善, 숙악孰惡을 보아 그 향배向背를 정定할 뿐이오 직접直接의 관계關係가 없엇다. 그리하야 『주기군이조기민誅其君而吊其民』이 혁명革命의 유일惟一 종지宗旨가 되고 『단사호장이영왕사簞食壺漿以迎王師』가 혁명사革命史의 유일惟一 미담美談이 되엿섯거니와, 금일今日 혁명革命으로 말하면 민중民衆이 곳 민중民衆 자기自己를 위爲하야 하는 혁명革命인 고故로 『민중혁명民衆革命』이라 『직접혁명直接革命』이라 칭稱함이며, 민중직접民衆直接의 혁명革命인 고故로 그 비등沸騰 팽창澎漲의 열도熱度가 숫자상數字上 강약强弱 비교比較의 관념觀念을 타파打破하며, 그 결과結果의 성패成敗가 매양 전쟁학상戰爭學上의 정궤定軌에 일출逸出하야 무전무병無錢無兵한 민중民衆으로 백만百萬의 군대軍隊와 억만億萬의 부력富力을 갖인 제왕帝王도 타도打倒하며 외구外寇도 구축驅逐하나니, 그렇므로 우리 혁명革命의 제일보第一步는 민중民衆 각오覺悟의 요구要求니라.

민중民衆이 어떻게 각오覺悟하느뇨?

민중民衆은 신인神人이나 성인聖人이나 어떤 영웅호걸英雄豪傑이 있어 『민중民衆을 각오覺悟』하도록 지도指導하는 대서 각오覺悟하는 것도 아니오, 『민중民衆아 각오覺悟하자』 『민중民衆이여 각오覺悟하여라』 그런 열규熱叫의 소리에서 각오覺悟하는 것도 아니오.

오즉 민중民衆이 민중民衆을 위爲하야 일체一切 불평不平, 부자연不自然, 불합리不合理한 민중民衆 향상向上의 장애障碍부터 먼저 타파打破함이 곳 『민중民衆을 각오覺悟케』 하는 유일惟一 방법方法이니, 다시 말하자면 곳 선각先覺한 민중民衆이 민중民衆의 전체全體를 위爲하야 혁명적革命的 선구先驅가 됨이 민중民衆 각오覺悟의 제일로第一路니라.

일반一般 민중民衆이 기飢·한寒·곤困·고苦·처호妻呼·아제兒啼·납세納稅의 독봉督捧·사채私債의 최촉催促·행동行動의 부자유不自由 모든 압박壓迫에 졸니어, 살랴니 살 수 없고 죽으랴 하야도 죽을 바를 모르는 판에, 만일萬一 그 압박壓迫의 주인主因되는 강도정치强盜政治의 시설자施設者인 강도强盜들을 격폐擊斃하고, 강도强盜의 일체一切 시설施設을 파괴破壞하고, 복음福音이 사해四海에 전傳하며 만중萬衆이 동정同情의 눈물을 뿌리어, 이에 인인人人이 그 『아사餓死』 이외以外에 오히려 혁명革命이란 일로一路가 남아 있음을 깨달아, 용자勇者는 그 의분義憤에 못 이기어, 약자弱者는 그 고통苦痛에 못 견대어, 모다 이 길로 모아들어 계속적繼續的으로 진행進行하며, 보편적普遍的으로 전염傳染하야 거국일치擧國一致의 대혁명大革命이 되면 간활잔폭奸猾殘暴한 강도强盜 일본日本이 필경畢竟 구축驅逐되는 날이라. 그렇므로 우리의 민중民衆을 환성喚醒하야 강도强盜의 통치統治를 타도打倒하고 우리 민족民族의 신생명新生命을 개척開拓하자면, 양병십만養兵十万이 일척一擲의 작탄炸彈만 못하며 억천장億千張 신문잡지新聞雜誌가 일회一回 폭동暴動만 못할지니라.

민중民衆의 폭력적暴力的 혁명革命이 발생發生치 아니하면 이已어니와, 이미 발생發生한 이상以上에는 마치 현애懸崖에서 굴니는 돍과 같하야 목적지目的地에 도달到達하지 아니하면 정지停止하지 않는 것이라. 우리 기왕已往의 경과經過로 말하면 갑신정변甲申政變은 특수세력特殊勢力이 특수세력特殊勢力과 싸우던 궁중宮中 일시一時의 활극活劇이 될 뿐이며, 경술庚戌 전후前後의 의병義兵들은 충군애국忠君愛國의 대의大義로 격기激起한 독서계급讀書階級의 사상思想이며, 안중근安重根·이재명李在明 등等 열사烈士의 폭력적暴力的 행동行動이 열렬熱烈하얏지만 그 후면後面에 민중적民衆的 역량力量의 기초基礎가 없엇으며, 3·1운동三一運動의 만세萬歲소리에 민중적民衆的 일치一致의 의기意氣가 별현瞥現하엿지만 또한 폭력적暴力的 중심中心을 갖이지 못하엿도다. 『민중民衆·폭력暴力』 양자兩者의 기일其一만 빠지면 비록 굉렬장쾌轟烈壯快한 거동擧動이라도 또한 뇌전雷電같이 수속收束하는도다.

조선朝鮮 안에 강도强盜 일본日本의 제조製造한 혁명革命 원인原因이 산같이 싸히엇다. 언제든지 민중民衆의 폭력적暴力的 혁명革命이 개시開始되야 『독립獨立을 못하면 살지 않으리라』『일본日本을 구축驅逐하지 못하면 물너서지 않으리라』는 구호口號를 갖이고 계속繼續 전진前進하면 목적目的을 관철貫徹하고야 말지니, 이는 경찰警察의 칼이나 군대軍隊의 총이나 간활奸猾한 정치가政治家의 수단手段으로도 막지 못하리라.

혁명革命의 기록記錄은 자연自然히 참절장절慘絶壯絶한 기록記錄이 되리라. 그렇나 물너서면 그 후면後面에는 흑암黑暗한 함정陷穽이오, 나아가면 그 전면全面에는 광명光明한 활로活路니 우리 조선민족朝鮮民族은 그 참절장절慘絶壯絶한 기록記錄을 그리면서 나아갈 뿐이니라.

이제 폭력暴力 — 암살暗殺·파괴破壞·폭동暴動 — 의 목적물目的物을 대략大略 열거列擧하건대,

一, 조선총독朝鮮總督 급及 각各 관공리官公吏

二, 일본日本 천황天皇 급及 각各 관공리官公吏

三, 정탐노偵探奴·매국적賣國賊

四, 적敵의 일체一切 시설물施設物

차외此外에 각各 지방地方의 신사紳士나 부호富豪가 비록 현저現著이 혁명운동革命運動을 방해妨害한 죄罪가 없을지라도, 만일 언어言語 혹或 행동行動으로 우리의 운동運動을 완화緩和하고 중상中傷하는 자者는 우리의 폭력暴力으로써 대부對付할지니라. 일본인日本人 이주민移住民은 일본日本 강도정치强盜政治의 기계機械가 되야 조선朝鮮 민족民族의 생존生存을 위협威脅하는 선봉先鋒이 되야 있은즉 또한 우리의 폭력暴力으로 구축驅逐할지니라.

五

혁명革命의 길은 파괴破壞부터 개척開拓할지니라. 그렇나 파괴破壞만 하랴고 파괴破壞하는 것이 아니라 건설建設하랴고 파괴破壞하는 것이니, 만일 건설建設할 줄을 모르면 파괴破壞할 줄도 모를지며 파괴破壞할 줄을 모르면 건설建設할 줄도 모를지니라. 건설建設과 파괴破壞가 다만 형식상形式上에서 보아 구별區別될 뿐이오 정신상情神上에서는 파괴破壞가 곳 건설建設이니, 이를테면 우리가 일본日本 세력勢力을 파괴破壞하랴는 것이 제일第一은 이족통치異族統治를 파괴破壞하자 함이다. 웨? 『조선朝鮮』이란 그 위에 『일본日本』이란 이족異族 그것이 전제專制하야 있으니, 이족異族 전제專制의 밑에 있는 조선朝鮮은 고유적固有的 조선朝鮮이 아니니 고유적固有的 조선朝鮮을 발견發見하기 위爲하야 이족통치異族統治를 파괴破壞함이니라. 제이第二는, 특권계급特權階級을 파괴破壞하자 함이다. 웨? 『조선민중朝鮮民衆』이란 그 위에 총독總督이니 무엇이니 하는 강도단强盜團의 특권계급特權階級이 압박壓迫하야 있으니, 특권계급特權階級의 압박壓迫 밑에 있는 조선민중朝鮮民衆은 자유적自由的 조선민중朝鮮民衆이 아니니 자유적自由的 조선민중朝鮮民衆을 발견發見하기 위爲하야 특권계급特權階級을 타파打破함이니라. 제삼第三은 경제약탈제도經濟掠奪制度를 파괴破壞하자 함이다. 웨? 약탈제도掠奪制度 밑에 있는 경제經濟는 민중民衆 자기自己가 생활生活하기 위爲하야 조직組織한 경제經濟가 아니오 곳 민중民衆을 잡아먹으랴는 강도强盜의 살을 찌우기 위爲하야 조직組織한 경제經濟니, 민중생활民衆生活을 발견發展하기 위爲하야 경제經濟 약탈제도掠奪制度를 파괴破壞함이니라. 제사第四는 사회적社會的 불평균不平均을 파괴破壞하자 함이다. 웨? 약자弱者 이상以上에 강자强者가 있고 천민賤民 이상以上에 귀자貴者가 있어 모든 불평균不平均을 갖인 사회社會는 서로 약탈掠奪, 서로 박삭剝削, 서로 질투구시嫉妬仇視하는 사회社會가 되야, 처음에는 소수小數의 행복幸福을 위爲하야 다수多數의 민중民衆을 잔해殘害하다가 말경末竟에는 또 소수小數끼리 서로 잔해殘害하야 민중民衆 전체全體의 행복幸福이 필경畢竟 숫자상數字上의 공空이 되고 말 뿐이니, 민중民衆 전체全體의 행복幸福을 증진增進하기 위爲하야 사회적社會的 불평균不平均을 파괴破壞함이니라. 제오第五는 노예적奴隷的 문화사상文化思想을 파괴破壞하자 함이다. 웨? 유래遺來하던 문화사상文化思想의 종교宗教·윤리倫理·문학文學·미술美術·풍속風俗·습관習慣 그 어느 무엇이 강자强者가 제조製造하야 강자强者를 옹호擁護하던 것이 아니더냐? 강자强者의 오락娛樂에 공급供給하던 제구諸具가 아니더냐? 일반一般 민중民衆을 노예화奴隷化케 하던 마취제痲醉劑가 아니더냐? 소수계급小數階級은 강자强者가 되고 다수多數 민중民衆은 돌이어 약자弱者가 되야 불의不義의 압제壓制를 반항反抗치 못함은 전專혀 노예적奴隷的 문화사상文化思想의 속박束縛을 받은 까닭이니, 만일 민중적民衆的 문화文化를 제창提唱하야 그 속박束縛의 철쇄鐵鎖를 끊지 아니하면 일반一般 민중民衆은 권리사상權利思想이 박약薄弱하며 자유自由 향상向上의 흥미興味가 결핍缺乏하야 노예奴隷의 운명運命 속에서 윤회輪廻할 뿐이라. 그렇므로 민중문화民衆文化를 제창提唱하기 위爲하야 노예적奴隷的 문화사상文化思想을 파괴破壞함이니라. 다시 말하자면 『고유적固有的 조선朝鮮의』 『자유적自由的 조선朝鮮 민중民衆의』 『민중적民衆的 경제經濟의』 『민중적民衆的 사회社會의』 『민중적民衆的 문화文化의』 조선朝鮮을 『건설建設』하기 위爲하야 『이족異族 통치統治의』 『약탈掠奪 제도制度의』 『사회적社會的 불평균不平均의』 『노예적奴隷的 문화사상文化思想의』 현상現象을 타파打破함이니라. 그런즉 파괴적破壞的 정신情神이 곳 건설적建設的 주장主張이라, 나아가면 파괴破壞의 『칼』이 되고 들어오면 건설建設의 『기旗』가 될지니, 파괴破壞할 기백氣魄은 없고 건설建設할 치상癡想만 있다하면 오백년五百年을 경과經過하야도 혁명革命의 꿈도 꾸어 보지 못할지니라. 이제 파괴破壞와 건설建設이 하나이오 둘이 아닌 줄 알진대, 민중적民衆的 파괴破壞 앞에는 반드시 민중적民衆的 건설建設이 있는 줄 알진대, 현재現在 조선민중朝鮮民衆은 오즉 민중적民衆的 폭력暴力으로 신조선新朝鮮 건설建設의 장애障碍인 강도强盜 일본日本 세력勢力을 파괴破壞할 것뿐인 줄을 알진대, 조선朝鮮 민중民衆이 한편이 되고 일본日本 강도强盜가 한편이 되야 네가 망亡하지 아니하면 내가 망亡하게 된 『외나무다리 위』에 선 줄을 알진대, 우리 이천만二千萬 민중民衆은 일치一致로 폭력暴力 파괴破壞의 길로 나아갈지니라.

민중民衆은 우리 혁명革命의 대본영大本營이다.

폭력暴力은 우리 혁명革命의 유일惟一 무기武器이다.

우리는 민중民衆 속에 가서 민중民衆과 휴수携手하야

부절不絶하는 폭력暴力 — 암살暗殺·파괴破壞·폭동暴動으로써

강도强盜 일본日本의 통치統治를 타도打倒하고

우리 생활生活에 불합리不合理한 일체一切 제도制度를 개조改造하야

인류人類로써 인류人類를 압박壓迫지 못하며, 사회社會로써 사회社會를 박삭剝削지 못하는

이상적理想的 조선朝鮮을 건설建設할지니라.

4256년四千二百五十六年 1월一月 일日

의열단義烈團

원문

우리말본

조선혁명선언[7]

1

강도 일본이 우리의 국호를 없이 하며, 우리의 정권을 빼앗으며, 우리의 생존적 필요조건을 다 박탈하엿다. 경제의 생명인 산림·천택·철도·광산·어장…… 내지 소공업 원료까지 다 빼앗어, 일체의 생산 기능을 칼로 버이며, 독기로 끊고, 토지세·가옥세·인구세·가축세·백일세·지방세·주초세·비료세·종자세·영업세·청결세·소득세…… 기타 각종 잡세가 축일 증가하야, 혈액은 있는 대로 다 빨아가고, 여간 상업가들은 일본의 제조품을 조선인에게 매개하는 중간인이 되야 차차 자본집중의 원칙하에 멸망할 뿐이오. 대다수 인민 곳 일반농민들은 피땀을 흘니어 토지를 갈아, 그 종년소득으로 일신과 처자의 호구거리도 남기지 못하고 우리를 잡아 먹으랴는 일본 강도에게 진공하야 그 살을 찌워주는 영세의 우마가 될 뿐이오. 내종에는 그 우마의 생활도 못하게 일본 이민의 수입이 연년 고도의 속률로 증가하야,『딸깍발이』등살에 우리 민족은 발 드딀 땅이 없어 산으로, 물로, 서간도로, 북간도로, 서비리아의 황야로 몰니어가 아귀부터 유귀가 될 뿐이며.

강도 일본이 헌병정치·경찰정치를 여행하야 우리 민족이 촌보의 행동도 임의로 못하고, 언론·출판·결사·집회의 일체 자유가 없어 고통과 분한이 있으면 벙어리의 가슴이나 만질 뿐이오. 행복과 자유의 세계에는 눈 뜬 소

7 이 글은 원문에서 한자를 모두 제거한 순 우리말본이다. 다른 것은 모두 원문과 같다.

경이 되고, 자녀가 나면 『일어를 국어라 일문을 국문이라』하는 노예양성소—학교로 보내고, 조선 사람으로 혹 조선역사를 읽게 된다 하면 『단군을 무하야 소잔오존의 형제라』 하며, 『삼한시대 한강 이남을 일본 영지』라 한 일본 놈들의 적은 대로 읽게 되며, 신문이나 잡지를 본다 하면 강도정치를 찬미하는 반일본화한 노예적 문자뿐이며, 똑똑한 자제가 난다 하면 환경의 압박에서 염세절망의 타락자가 되거나, 그렇지 않으면 『음모사건』의 명칭하에 감옥에 구류되야 주뢰·가쇄·단금질·챗직질·전기질·바늘로 손톱 밑 발톱 밑을 쑤시는, 수족을 달아매는, 코구멍에 물 붓는, 생식기에 심지를 박는 모든 악형, 곳 야만 전제국의 형률 사전에도 없는 가진 악형을 다 당하고, 죽거나 요행히 살아서 옥문에 나온대야 종신불구의 폐질자가 될 뿐이라. 그렇지 않을지라도 발명 창작의 본능은 생활의 곤란에서 단절하며, 진취 활발의 기상은 경우의 압박에서 소멸되야 『찍도 짹도』 못하게 각 방면의 속박·편태·구박·압제를 받아 환해 삼천리가 일개의 대감옥이 되야 우리 민족은 아조 인류의 자각을 잃을 뿐 아니라 곳 자동적 본능까지 잃어 노예부터 기계가 되야 강도 수중의 사용품이 되고 말 뿐이며.

강도 일본이 우리의 생명을 초개로 보아 을사 이후 13도의 의병 나던 각 지방에서 일본군대의 행한 폭행도 이로 다 적을 수 없거니와, 즉 최근 3·1운동 이후 수원·선천…… 등의 국내 각지부터 북간도·서간도·노령 연해주 각처까지 도처에 거민을 도륙한다, 촌락을 소화한다, 재산을 약탈한다, 부녀를 오욕한다, 목을 끊는다, 산채로 뭇는다, 불에 살은다, 혹 일신을 두 동가리 세 동가리에 내여 죽인다, 아동을 악형한다, 부녀의 생식기를 파괴한다 하야 할 수 있는 대까지 참혹한 수단을 쓰어서 공포와 전율로 우리 민족을 압박하야 인간의 『산송장』을 맨들랴 하는도다.

이상의 사실에 거하야 우리는 일본 강도 정치 곳 이족 통치가 우리 조선민족 생존의 적임을 선언하는 동시에 우리는 혁명수단으로 우리 생존의 적인 강도 일본을 살벌함이 곳 우리의 정당한 수단임을 선언하노라.

2

내정독립이나 참정권이나 자치를 운동하는 자 - 누구이냐?

너희들이 『동양평화』『한국독립보전』 등을 담보한 맹약이 묵도 말으지 아니하야 삼천리 강토를 집어먹던 역사를 잊엇는냐? 『조선인민 생명 재산 자유 보호』『조선인민 행복 증진』 등을 신명한 선언이 땅에 떠러지지 아니하야 2천만의 생명이 지옥에 빠지던 실제를 못 보느냐? 3·1운동 이후에 강도 일본이 또 우리의 독립운동을 완화식히랴고 송병준·민원식 등 일이 매국노를 식히어 이따위 광론을 부름이니 이에 부화하는 자 - 맹인이 아니면 어찌 간적이 아니냐?

설혹 강도 일본이 과연 관대한 도량이 있어 개연히 차등의 요구를 허락한다 하자. 소위 내정 독립을 찾고 각종 이권을 찾지 못하면 조선 민족은 일반의 아귀가 될 뿐이 아니냐? 참정권을 획득한다 하자. 자국의 무산계급의 혈액까지 착취하는 자본주의 강도국의 식민지 인민이 되야 기개 노예대의사의 선출로 어찌 아사의 화를 구하겟느냐? 자치를 얻는다 하자. 그 하종의 자치임을 물문하고 일본이 그 강도적 침략주의의 초패인 『제국』이란 명칭이 존재한 이상에는 그 부속하에 있는 조선인민이 어찌 구구한 자치의 허명으로써 민족적 생존을 유지하겟느냐?

설혹 강도 일본이 돌연히 불보살이 되야 일조에 총독부를 철폐하고 각종 이권을 다 우리에게 환부하며 내정 외교를 다 우리의 자유에 맡기고, 일본의 군대와 경찰을 일시에 철환하며 일본의 이주민을 일시에 소환하고 다만 허명의 종주권만 갖인다 할지라도, 우리가 만일 과거의 기억이 전멸하지 아니하얏다 하면 일본을 종주국으로 봉대한다 함이 『치욕』이란 명사를 아는 인류로는 못할지니라.

일본 강도 정치하에서 문화운동을 부르는 자 - 누구이냐? 문화는 산업과 문물의 발달한 총적을 가르치는 명사니, 경제 약탈의 제도하에서 생존권이 박탈된 민족은 그 종족의 보전도 의문이거든 하믈며 문화 발전의 가능이 있으랴? 쇠망한 인도족·유태족도 문화가 있다 하지만 일은 금전의 역으로 그 선조의 종교적 유업을 계속함이며, 일은 그 토지의 광과 인구의 중으로 상고의 자유 발달한 여택을 보수함이니, 어대 문맹같이 시랑같이 인혈을 빨다가 골수까지 깨무는 강도 일본의 입에 물닌 조선 같은 대서 문화를 발전 혹 보존한 전례가 있던냐? 검열, 압수 모든 압박 중에 기개 신문잡지를 갖이고 『문화운동』의 목탁으로 자명하며 강도의 비위에 거슬이지 아니할 만한 언론이나 주창하야 이것을 문화발전의 과정으로 본다 하면, 그 문화발전이 돌이어 조선의 불행인가 하노라.

이상의 이유에 거하야 우리는 우리의 생존의 적인 강도 일본과 타협하랴는 자(내정독립·자치·참정권 등 논자)나 강도 정치하에서 기생하랴는 주의를 갖인 자(문화운동자)나 다 우리의 적임을 선언하노라.

3

강도 일본의 구축을 주장하는 가운대 또 여좌한 논자들이 있으니.

제일은 외교론이니, 이조 오백년 문약정치가 『외교』로써 호국의 장책을 삼아 더욱 그 말세에 우심하야 갑신 이래 유신당·수구당의 성쇠가 거의 외원의 유무에서 판결되며, 위정자의 정책은 오직 갑국을 인하야 을국을 제함에 불과하얏고, 그 의뢰의 습성이 일반 정치 사회에 전염되야, 즉 갑오 갑진 양 전역에 일본이 누십만의 생명과 누억만의 재산을 희생하야 청로 양국을 물니고 조선에 대하야 강도적 침략주의를 관철하랴 하는데, 우리 조선의 『조국을 사랑한다, 민족을 건지랴 한다』 하는 이들은 일검일탄으로 혼용탐포한 관리나 국적에게 던지지 못하고 공함이나 열국 공관에 던지며, 장서나 일본 정부에 보내야 국세의 고약을 애소하야 국가존망·민족사활의 대문제를 외국인·심지어 적국인의 처분으로 결정하기만 기다리엇도다. 그래서 『을사조약』 『경술합병』 - 곳 『조선』이란 일홈이 생긴 뒤 누천년 만의 처음 당하던 치욕에 조선민족의 분노적 표시가 겨우 합이빈의 총·종현의 칼·산림 유생의 의병이 되고 말엇도다. 아, 과거 수십년 역사야말로 용자로 보면 타매할 역사가 될 뿐이며 인자로 보면 상심할 역사가 될 뿐이다. 그리고도 국망 이후 해외로 나아가는 모모 지사들의 사상이 무엇보다도 먼저 『외교』가 그 제일장 제일조가 되며, 국내 인민의 독립운동을 선동하는 방법도 『미래의 일미전쟁·일로전쟁 등 기회』가 거의 천편일률의 문장이엇섯고, 최근 3·1운동에 일반 인사의 『평화회의』·『국제연맹』에 대한 과신의 선전이 돌이어 이천만 민중의 분용전진 의기를 타소하는 매개가 될 뿐이엇도다.

제이는 준비론이니 을사조약의 당시에 열국 공관에 비발덧듯하던 조희 쪽으로 넘어가는 국권을 붓잡지 못하며, 정미년의 해아밀사도 독립 회복의 복음을 안고 오지 못하매 이에 차차 외교에 대하야 의문이 되고 전쟁 아니면 않되겟다는 판단이 생기엇다. 그렇나 군인도 없고 무기도 없이 무엇으로써 전쟁하겟느냐? 산림유생들은 춘추대의에 성패를 불계하고 의병을 모집하야 아관대의로 지휘의 대장이 되며, 산양 포수의 화승대를 몰아갖이고 조일전쟁의 전투선에 나섯지만, 신문쪽이나 본 이들 - 곳 시세를 짐작한다는 이들은 그리할 용기가 아니 난다. 이에 『금일금시로 곳 일본과 전쟁한다는 것은 망발이다. 총도 작만하고, 돈도 작만하고, 대포도 작만하고, 장관이나 사졸가음까지라도 다 작만한 뒤에야 일본과 전쟁한다』 함이니, 이것이 이른바 준비론 곳 독립전쟁을 준비하자 함이다. 외세의 침입이 더할사록 우리의 부족한 것이 작구 감각되야 그 준비론의 범위가 전쟁 이외까지 확장되야 교육도 진흥하야겟다, 상공업도 발전하야겻다, 기타 무엇무엇 일체가 모다 준비론의 부분이 되얏섯다. 경술이후 각 지사들이 혹 서북간도의 삼림을 더듬으며, 혹 서비리아의 찬바람에 배부르며, 혹 남북경으로 돌아단이며, 혹 미주나 『하와이』로 들어가며, 혹 경향에 출몰하야 십여성상 내외각지에서 목이 텃일만치 준비! 준비!를 불럿지만 그 소득이 몇 개 불완전한 학교와 실력없는 회뿐이엇섯다. 그렇나 그들의 성력의 부족이 아니라 실은 그 주장의 착오이다. 강도 일본이 정치경제 양 방면으로 구박을 주어 경제가 날로 곤란하고 생산기관이 전부 박탈되야 의식의 방책도 단절되는 때에 무엇으로? 어떻게? 실업을 발전하며? 교육을 확장하며? 더구나 어대서? 얼마나? 군인을 양성하며? 양성한들 일본 전투력의 백분지 일의 비교라도 되게 할 수 있느냐? 실로 일장의 잠고대가 될 뿐이로다.

이상의 이유에 의하야 우리는 『외교』 『준비』 등의 미몽을 바리고 민중직접혁명의 수단을 취함을 선언하노라.

4

조선민족의 생존을 유지하자면 강도 일본을 구축할지며, 강도 일본을 구축하자면 오즉 혁명으로써 할 뿐이니 혁명이 아니고는 강도 일본을 구축할 방법이 없는 바이다.

그렇나 우리가 혁명에 종사하랴면 어느 방면부터 착수하겟나뇨?

구시대의 혁명으로 말하면, 인민은 국가의 노예가 되고 그 이상에 인민을 지배하는 상전, 곳 특수세력이 있어 그 소위 혁명이란 것은 특수세력의 명칭을 변경함에 불과하얏다. 다시 말하자면, 곳『을』의 특수세력으로『갑』의 특수세력을 변경함에 불과하얏다. 그렇므로 인민은 혁명에 대하야 다만 갑을 양 세력 곳 신구 양 상전 중 숙인, 숙포, 숙선, 숙악을 보아 그 향배를 정할 뿐이오 직접의 관계가 없엇다. 그리하야『주기군이조기민』이 혁명의 유일 종지가 되고『단사호장이영왕사』가 혁명사의 유일 미담이 되엿섯거니와, 금일 혁명으로 말하면 민중이 곳 민중 자기를 위하야 하는 혁명인 고로『민중혁명』이라『직접혁명』이라 칭함이며, 민중직접의 혁명인 고로 그 비등 팽창의 열도가 숫자상 강약 비교의 관념을 타파하며, 그 결과의 성패가 매양 전쟁학상의 정궤에 일출하야 무전무병한 민중으로 백만의 군대와 억만의 부력을 갖인 제왕도 타도하며 외구도 구축하나니, 그렇므로 우리 혁명의 제일보는 민중 각오의 요구니라.

민중이 어떻게 각오하느뇨?

민중은 신인이나 성인이나 어떤 영웅호걸이 있어『민중을 각오』하도록 지도하는 대서 각오하는 것도 아니오,『민중아 각오하자』『민중이여 각오하여라』그런 열규의 소리에서 각오하는 것도 아니오.

오즉 민중이 민중을 위하야 일체 불평, 부자연, 불합리한 민중 향상의 장애부터 먼저 타파함이 곳 『민중을 각오케』 하는 유일 방법이니, 다시 말하자면 곳 선각한 민중이 민중의 전체를 위하야 혁명적 선구가 됨이 민중 각오의 제일로니라.

일반 민중이 기·한·곤·고·처호·아제·납세의 독봉·사채의 최촉·행동의 부자유 모든 압박에 졸니어, 살랴니 살 수 없고 죽으랴 하야도 죽을 바를 모르는 판에, 만일 그 압박의 주인되는 강도정치의 시설자인 강도들을 격폐하고, 강도의 일체 시설을 파괴하고, 복음이 사해에 전하며 만중이 동정의 눈물을 뿌리어, 이에 인인이 그 『아사』 이외에 오히려 혁명이란 일로가 남아 있음을 깨달아, 용자는 그 의분에 못 이기어, 약자는 그 고통에 못 견대어, 모다 이 길로 모아들어 계속적으로 진행하며, 보편적으로 전염하야 거국일치의 대혁명이 되면 간활잔폭한 강도 일본이 필경 구축되는 날이라. 그렇므로 우리의 민중을 환성하야 강도의 통치를 타도하고 우리 민족의 신생명을 개척하자면, 양병십만이 일척의 작탄만 못하며 억천장 신문잡지가 일회 폭동만 못할지니라.

민중의 폭력적 혁명이 발생치 아니하면 이어니와, 이미 발생한 이상에는 마치 현애에서 굴니는 돍과 같하야 목적지에 도달하지 아니하면 정지하지 않는 것이라. 우리 기왕의 경과로 말하면 갑신정변은 특수세력이 특수세력과 싸우던 궁중 일시의 활극이 될 뿐이며, 경술 전후의 의병들은 충군애국의 대의로 격기한 독서계급의 사상이며, 안중근·이재명 등 열사의 폭력적 행동이 열렬하얏지만 그 후면에 민중적 역량의 기초가 없엇으며, 3·1운동의 만세 소리에 민중적 일치의 의기가 별현하엿지만 또한 폭력적 중심을 갖이지 못하엿도다. 『민중·폭력』 양자의 기일만 빠지면 비록 굉렬장쾌한 거동이라도 또한 뇌전같이 수속하는도다.

조선 안에 강도 일본의 제조한 혁명 원인이 산같이 싸히엇다. 언제든지 민중의 폭력적 혁명이 개시되야 『독립을 못하면 살지 않으리라』 『일본을 구축하지 못하면 물너서지 않으리라』는 구호를 갖이고 계속 전진하면 목적을 관철하고야 말지니, 이는 경찰의 칼이나 군대의 총이나 간활한 정치가의 수단으로도 막지 못하리라.

혁명의 기록은 자연히 참절장절한 기록이 되리라. 그렇나 물너서면 그 후면에는 흑암한 함정이오, 나아가면 그 전면에는 광명한 활로니 우리 조선민족은 그 참절장절한 기록을 그리면서 나아갈 뿐이니라.

이제 폭력 — 암살·파괴·폭동 — 의 목적물을 대략 열거하건대,

1, 조선총독 급 각 관공리

2, 일본 천황 급 각 관공리

3, 정탐노·매국적

4, 적의 일체 시설물

차외에 각 지방의 신사나 부호가 비록 현저이 혁명운동을 방해한 죄가 없을지라도, 만일 언어 혹 행동으로 우리의 운동을 완화하고 중상하는 자는 우리의 폭력으로써 대부할지니라. 일본인 이주민은 일본 강도정치의 기계가 되야 조선 민족의 생존을 위협하는 선봉이 되야 있은즉 또한 우리의 폭력으로 구축할지니라.

5

혁명의 길은 파괴부터 개척할지니라. 그렇나 파괴만 하랴고 파괴하는 것

이 아니라 건설하랴고 파괴하는 것이니, 만일 건설할 줄을 모르면 파괴할 줄도 모를지며 파괴할 줄을 모르면 건설할 줄도 모를지니라. 건설과 파괴가 다만 형식상에서 보아 구별될 뿐이오 정신상에서는 파괴가 곳 건설이니, 이를테면 우리가 일본 세력을 파괴하랴는 것이 제일은 이족통치를 파괴하자 함이다. 웨? 『조선』이란 그 위에 『일본』이란 이족 그것이 전제하야 있으니, 이족 전제의 밑에 있는 조선은 고유적 조선이 아니니 고유적 조선을 발견하기 위하야 이족통치를 파괴함이니라. 제이는, 특권계급을 파괴하자 함이다. 웨? 『조선민중』이란 그 위에 총독이니 무엇이니 하는 강도단의 특권계급이 압박하야 있으니, 특권계급의 압박 밑에 있는 조선민중은 자유적 조선민중이 아니니 자유적 조선민중을 발견하기 위하야 특권계급을 타파함이니라. 제삼은 경제약탈제도를 파괴하자 함이다. 웨? 약탈제도 밑에 있는 경제는 민중 자기가 생활하기 위하야 조직한 경제가 아니오 곳 민중을 잡아먹으랴는 강도의 살을 찌우기 위하야 조직한 경제니, 민중생활을 발견하기 위하야 경제 약탈제도를 파괴함이니라. 제사는 사회적 불평균을 파괴하자 함이다. 웨? 약자 이상에 강자가 있고 천민 이상에 귀자가 있어 모든 불평균을 갖인 사회는 서로 약탈, 서로 박삭, 서로 질투구시하는 사회가 되야, 처음에는 소수의 행복을 위하야 다수의 민중을 잔해하다가 말경에는 또 소수끼리 서로 잔해하야 민중 전체의 행복이 필경 숫자상의 공이 되고 말 뿐이니, 민중 전체의 행복을 증진하기 위하야 사회적 불평균을 파괴함이니라. 제오는 노예적 문화사상을 파괴하자 함이다. 웨? 유래하던 문화사상의 종교·윤리·문학·미술·풍속·습관 그 어느 무엇이 강자가 제조하야 강자를 옹호하던 것이 아니더냐? 강자의 오락에 공급하던 제구가 아니더냐? 일반 민중을 노예화케 하던 마취제가 아니더냐? 소수계급은 강자가 되고 다수 민중은 돌이어 약자가 되야 불의의 압제를 반항치 못함은 전혀 노예적 문화사상의 속박을 받은 까닭이니, 만일 민중적 문화를 제창하야 그 속박의 철쇄를 끊지 아니하면 일반 민중은 권리사상이 박약하며 자유 향상의 흥미가 결핍하야 노예의 운명 속에서 윤회할 뿐이라. 그렇므로 민중문화를 제창하기 위하야 노예적 문화사상을 파괴함이니라. 다시 말하자면 『고유적 조선의』 『자유적 조선 민중의』 『민중적 경제의』 『민중적 사회의』 『민중적 문화의』 조선을 『건설』하기 위하야 『이족 통치의』 『약탈 제도의』 『사회적 불평균의』 『노예적 문화사상의』 현상을 타파함이니라. 그런즉 파괴적 정신이 곳 건설적 주장이라, 나아가면 파괴의 『칼』이 되고 들어오면 건설의 『기』가 될지니, 파괴할 기백은 없고 건설할 치상만 있다하면 오백년을 경과하야도 혁명의 꿈도 꾸어 보지 못할지니라. 이제 파괴와 건설이 하나이오 둘이 아닌 줄 알진대, 민중적 파괴 앞에는 반드시 민중적 건설이 있는 줄 알진대, 현재 조선민중은 오즉 민중적 폭력으로 신조선 건설의 장애인 강도 일본 세력을 파괴할 것뿐인 줄을 알진대, 조선 민중이 한편이 되고 일본 강도가 한편이 되야 네가 망하지 아니하면 내가 망하게 된 『외나무다리 위』에 선 줄을 알진대, 우리 이천만 민중은 일치로 폭력 파괴의 길로 나아갈지니라.

민중은 우리 혁명의 대본영이다.

폭력은 우리 혁명의 유일 무기이다.

우리는 민중 속에 가서 민중과 휴수하야

부절하는 폭력 — 암살·파괴·폭동으로써

강도 일본의 통치를 타도하고

우리 생활에 불합리한 일체 제도를 개조하야

인류로써 인류를 압박지 못하며, 사회로써 사회를 박삭지 못하는 이상적 조선을 건설할지니라.

4256년 1월 일

의열단

번역문

원문형

조선혁명선언[8]

1

강도 일본이 우리 국호를 없이 하며, 우리의 정권을 빼앗으며, 우리 생존의 필요조건을 모두 박탈하였다. 경제의 생명인 산림, 강과 저수지, 철도, 광산, 어장 내지는 수공업 원료까지 다 빼앗아 일체 생산 기능을 칼로 베며, 도끼로 끊고, 토지세, 가옥세, 인구세, 가축세, 백일세[9], 지방세, 주초세[10], 비료세, 종자세, 영업세, 청결세, 소득세 등등 기타 각종 잡세가 날로 증가하여 혈액을 있는 대로 다 빨아가고, 어지간한 상인들은 일본 제조품만을 조선인에게 매개하는 중간상이 되어 차차 자본집중의 원칙으로 망해갈 뿐이오. 인민의 대다수인 일반 농민들은 피땀 흘려 토지를 갈아 그 한 해 소득으로 일신과 처자의 호구거리도 남기지 못하고, 우리를 잡아먹으려는 일본 강도에게 갖다 바쳐 그 살을 찌워주는 영원한 소와 말이 될 뿐이오. 나중에는 그 소와 말의 생활도 하지 못하게 일본인들의 이주만 해마다 높은 비율로 증가하여, "딸깍발이"[11] 등쌀에 우리 민족은 발 디딜 땅도 없이 산으로, 물로, 서간도로, 북간도로, 시베리아 황야로 몰려다니다가 굶어 죽어

8 이 글은 조선혁명선언을 현대문으로 번역한 것이다. 다만 전체 형식은 원문 구조를 그대로 따랐다.(이하 번역문 3종류는 각각 저마다 용도가 다르므로 최소한의 이해를 돕기 위해 첨부한 기본 각주가 그때마다 반복되는 것을 그대로 두었다.)

9 1909년 10월에 일제가 신설한 시장세市場稅로 오늘날 영업세의 일종이다. 전체 거래액의 1%를 징수하여 백일세百一稅라고 불렀다.

10 술과 담배에 매긴 세금.

11 일본 사람을 비유한 말.

떠도는 귀신이 될 뿐이며.

강도 일본이 헌병정치, 경찰정치를 강행하여 우리 민족이 한 치의 행동도 마음대로 하지 못하고, 언론, 출판, 결사結社, 집회의 일체 자유가 없어 고통과 회한이 있으면 그저 벙어리 가슴이나 만질 뿐이오. 행복과 자유의 세계에는 눈뜬 소경이 되고, 자녀를 낳으면 "일어를 국어라, 일문을 국문이라 가르치는" 노예양성소 학교로 보내고, 조선 사람으로 혹 조선 역사를 읽게 되면 터무니없이 "단군을 소잔오존[12]의 형제"라 하며, "삼한시대 한강 이남을 일본 영지"라고 일본 놈들이 적은 대로 읽게 하며, 신문이나 잡지를 본다면 강도정치를 찬양하는 일본화된 노예적 문자뿐이며, 똑똑한 자제가 난다 해도 환경의 압박에서 염세주의 절망의 타락자가 되거나, 그렇지 않으면 "음모 사건"이란 이름 아래 감옥에 구속되어 주리 틀기, 칼 씌우기, 족쇄 채우기, 담금질, 채찍질, 전기 고문, 바늘로 손톱 발톱 쑤시기, 수족 달아매기, 콧구멍 물 붓기, 생식기에 심지 박기 같은 악형, 곧 야만 전제국가의 법률 사전에도 없는 온갖 악형을 다 당하고 죽거나, 요행히 살아서 감옥을 나온대도 평생 불구의 폐인이 될 뿐이라. 그렇지 않아도 발명과 창작의 본능은 생활의 곤란으로 단절되었으며, 진취적인 활발한 기상은 모든 압박으로 인해 소멸하고, "찍도 짹도" 못 하게 각 방면의 속박, 매질, 구박, 압제를 받아 나라 삼천리가 하나의 커다란 감옥이 되어 우리 민족은 아주 세세한 인류의 자각마저 다 잃었을 뿐 아니라, 곧 자동적 본능까지 잃고 노예와 기계가 되어 강도들의 이용품이 되고 말 뿐이며.

강도 일본이 우리의 생명을 하찮게 여겨 을사 이후 13도 의병이 일어나

12 소잔오존素盞嗚尊(스사노오노 미코토)은 일본 건국 신화에 등장하는 신이다.

던 각 지방에서 일본군이 자행한 폭력을 이루 다 적을 수 없거니와, 최근 3·1운동 이후 수원, 선천 등의 국내 각지부터 북간도, 서간도, 노령 연해주까지 각처에서 주민을 살육한다, 촌락을 태운다, 재산을 약탈한다, 부녀를 겁탈한다, 목을 끊는다, 산 채로 묻는다, 불에 사른다, 혹 신체를 두 토막 세 토막 내어 죽인다, 아이를 형벌한다, 여인의 생식기를 파괴한다고 하는, 할 수 있는 데까지 모든 참혹한 수단을 써서 공포와 전율로 우리 민족을 압박하여 인간을 "산송장"으로 만들려 한다.

이상의 사실에 근거하여 우리는 일본의 강도정치 곧 이민족 통치가 우리 조선 민족 생존의 적임을 선언하는 동시에, 우리는 혁명 수단으로 우리 생존의 적인 강도 일본을 살벌殺伐함이 곧 우리의 정당한 수단임을 선언하노라.

2

내정 독립이나 참정권이나 자치를 운동하는 자가 누구냐?

너희들이 "동양 평화", "한국독립보전" 등을 담보한 약속이 먹도 마르지 않아 삼천리 강토를 집어먹던 역사를 잊었느냐? "조선 인민 생명 재산 자유 보호", "조선 인민 행복 증진" 등을 분명히 밝힌 선언이 땅에 떨어지지도 않아 2천만의 생명이 지옥에 빠지던 실제를 보지 못하였느냐? 3·1운동 이후 강도 일본이 또 우리의 독립운동을 훼방하려고 송병준, 민원식 같은 매국노 한둘을 시켜 이따위 정신 나간 소리를 지껄임이니, 이에 부화뇌동하는 자 맹인이 아니면 어찌 간적奸賊이 아니더냐.

설혹 강도 일본이 과연 관대한 도량이 있어 흔쾌히 이러한 요구를 허락한다고 하자. 소위 내정 독립만을 찾고 각종 이권을 찾지 못한다면 조선 민족은 저 굶어 죽은 귀신이 될 것 아니냐? 참정권을 획득한다고 하자. 자기 나라 무산계급의 혈액까지 착취하는 자본주의 강도 나라의 식민지 인민으로 몇몇 노예적인 대의원을 선출하여 어찌 굶어 죽는 비극에서 벗어날 수 있겠느냐? 자치를 얻는다고 하자. 그 어떤 종류의 자치임을 묻지 않더라도 일본이 저 강도 같은 침략주의 간판인 "제국"이란 명칭을 버리지 않는 한, 그 부속에 불과한 조선 인민이 어찌 자질구레한 자치의 이름으로 민족의 생존을 유지하겠느냐?

설혹 강도 일본이 돌연 불보살이 되어 하루아침에 총독부를 철폐하고 각종 이권을 다 우리에게 돌려주고, 내정과 외교를 다 우리의 자유에 맡기고 일본의 군대와 경찰을 일시에 철수하며, 일본 이주민을 일시에 불러들이고 다만 허명의 종주권만 갖겠다 하더라도, 우리가 만약 과거의 기억을 전부 지우지 못한다면 일본을 종주국으로 섬긴다는 것이 "치욕"이란 글자를 아는 사람으로서는 못 할 짓이니라.

일본 강도정치 아래서 문화운동을 부르는 자는 누구냐? 문화는 산업과 문물의 발달한 전체를 가리키는 말이니, 경제 약탈의 제도 아래서 생존권이 박탈된 민족은 "그 종족의 보전"도 의문이거든 하물며 문화 발전의 가능성이 있으랴? 쇠망한 인도인이나 유대인에게도 문화가 있다지만, 하나는 자본의 힘으로 그 선조의 종교적 유업을 계승해 가는 것이며, 하나는 그 국토의 넓음과 인구의 많음으로 과거에 자유로이 발달했던 혜택을 지키고 보존함이니, 어디 모기나 등에처럼, 승냥이나 이리처럼 사람의 피를 빨다가 골수까지 깨무는 강도 일본의 입에 물린 조선 같은 데서 문화가 발전하거나 보존한 전례가 있더냐? 검열과 압수 같은 일체 압박 속에서 고작 몇몇 신문잡지를 가지고 "문화운동"의 목탁이라 떠벌리며, 강도의 기분에 거스르지 아니할 만한 언론이나 주창하고 그것을 문화 발전의 과정으로 본다면, 그런 문화 발전은 도리어 조선의 불행인가 하노라.

이상의 이유에 근거하여 우리는 우리 생존의 적인 강도 일본과 타협하려는 자(내정 독립, 자치, 참정권론자)나 강도정치 아래 기생하려는 주의를 가진 자(문화운동론자)나 모두 우리의 적임을 선언하노라.

3

강도 일본을 쫓아내는 일에 또 다음과 같은 주장이 있으니,

제1은 외교론이다. 조선왕조 오백 년 문약정치文弱政治가 "외교"만을 국방의 최우선으로 삼고 그 말기에 더욱 심하여, 갑신정변 이래 유신당과 수구당의 성패가 매번 외국의 도움이 있고 없음으로 결정이 났다. 위정자의 정책은 오직 이 나라를 끌어들여 저 나라를 견제하는 방법 이외에 선택의 여지가 없었고, 그 의존의 습성이 결국 일반 정치 사회에 전염되었다. 즉 청일전쟁과 러일전쟁에서 일본이 수십만의 생명과 수억만의 재산을 희생하여 두 나라를 물리치고 조선에 대하여 강도 같은 침략주의를 관철하려 하는데, 우리 조선의 "조국을 사랑한다, 민족을 건지려 한다." 하는 이들은 칼 한 자루 총탄 한 발을 우매하고 탐욕스럽고 난폭한 관리나 나라의 도적에게 던지지 못하고, 외교문서나 여러 나라 공관에 보내며, 더욱 긴 편지를 일본 정부에 보내 나라 형편의 어려움을 하소연하여 국가 존망, 민족 사활의 중대한 문제를 외국인, 심지어 적국의 인사들이 처분하고 결정하기만을 기다렸다. 그리하여 "을사늑약"이나 "경술국치"처럼 "조선"이란 이름이 생

긴 뒤 몇천 년 만에 처음 당한 치욕에 대한 조선 민족의 분노가 겨우 합이빈哈爾賓의 총[13], 종현鐘峴의 칼[14], 산림유생의 의병이 되고 말았다. 아! 과거 수십 년 역사야말로 용감한 이는 침 뱉고 욕할 만한 역사며, 어진 사람은 다만 상심할 만한 역사다. 그러고도 망국 이후 해외로 나가는 모모 지사들의 사상이 무엇보다 먼저 "외교"를 제1장 제1조로 삼고, 국내 인민의 독립운동을 선동하는 방법도 "미래의 일미日美전쟁, 일로日露전쟁 등의 기회"를 노리자는 것이 거의 하나같은 문장이었고, 최근 3·1운동에서 흔히 첫인사로 주고받던 "평화회의"와 "국제연맹"에 대한 지나친 신뢰와 선전이 도리어 이천만 민중이 분노로 전진하는 열망을 잠재우는 원인이 되었을 뿐이다.

제2는 준비론이니, 을사늑약 당시 여러 나라 공관에 수없이 보낸 종이 문서 따위로 넘어가는 국권을 붙잡지 못했으며, 정미년의 헤이그 특사도 독립 회복의 소식을 안고 오지 못했으니, 이에 차차 외교에 대하여 의문이 생기면서 전쟁 아니면 안 되겠다는 판단이 생겨났다. 그러나 군인도 없고 무기도 없이 무엇으로 전쟁하겠느냐? 산림유생들은 역사적 대의를 바탕으로 이기고 지는 것을 따지지 않고 의병을 모집하여, 벼슬아치 복장으로 선두의 대장이 되어 산양 포수의 화승총을 모아 조일전쟁 전면에 나섰지만, 신문을 읽어본 이들은, 곧 상황을 짐작하는 이들은 그럴만한 용기가 나지 않는다. 이에 "지금 당장 일본과 전쟁한다는 것은 망발이다. 총도 장만하

13 1909년 10월 26일, 합이빈(하얼빈)에서 이등박문을 살벌했던 안중근 의사의 거사.
14 1909년 12월 22일, 이재명 의사가 매국노 이완용을 습격했던 거사. 거사 현장인 종현천주교당은 지금의 명동성당이다.

고, 돈도 장만하고, 대포도 장만하고, 군사들까지 다 장만한 뒤에 일본과 전쟁한다." 하는 것이 이른바 준비론 곧 독립전쟁을 준비하자 함이다. 외세의 침략이 더할수록 우리의 부족한 것들이 자꾸 늘어나서, 그 준비론의 범위가 전쟁 이외까지 확장되어 교육도 진흥해야겠다, 상공업도 발전해야겠다, 기타 무엇무엇 일체가 모두 준비론이 되었다. 경술국치 이후 몇몇 지사들이 혹 서북간도의 삼림을 더듬으며, 혹 시베리아의 찬바람에 배부르며, 혹 남경과 북경으로 돌아다니며, 혹 미국과 하와이로 돌아가며, 혹 경향 각지에 출몰하여 십여 년 국내외 여러 곳에서 목이 터질 만큼 준비! 준비를 외쳤지만, 그 소득이 몇 개 불완전한 학교의 건립과 실력 없는 단체뿐이었다. 그러나 그들의 노력이 부족한 것이 아니라 그 주장의 착오다. 강도 일본이 정치 경제 두 방면을 압박하여 경제가 날로 곤란하고 생산기관이 전부 박탈되어 먹고사는 길마저 막막하니, 무엇으로 어떻게 실업을 발전하며, 교육을 확장하며, 더구나 어디서 얼마나 군인을 양성하며, 양성한들 일본 군사력의 백분의 일이라도 될 수 있겠느냐? 실로 한바탕 잠꼬대일 뿐이다.

이상의 이유에 근거하여 우리는 "외교", "준비" 등의 헛된 꿈을 버리고 민중 직접혁명의 수단을 취함을 선언하노라.

4

조선 민족의 생존을 유지하자면 강도 일본을 쫓아낼 것이며, 강도 일본을 쫓아내자면 오직 혁명으로써 할 뿐이니, 혁명이 아니고는 강도 일본을 쫓아낼 방법이 없는 것이다.

그러나 우리가 혁명에 종사하려면 어느 방면부터 착수하겠느뇨?

과거의 혁명으로 말하자면, 인민은 국가의 노예가 되고 그 위에 인민을 지배하는 상전, 곧 특수 세력이 있어 소위 혁명이란 것은 특수 세력의 이름만 바꾸는 것에 불과하였다. 다시 말하면, "을"이라는 특수 세력으로 "갑"이라는 특수 세력을 대체하는 것에 불과하였다. 그러므로 인민은 혁명에 대하여 다만 갑과 을의 두 세력, 곧 신구 상전 중에 누가 어질고 누가 난폭한지, 누가 좋고 누가 나쁜지를 보아 판단을 정할 뿐, 직접 관계가 없었다. 따라서 "주기군이조기민誅其君而吊其民"[15]이 혁명의 유일한 이념이 되고, "단사호장이영왕사簞食壺漿以迎王師"[16]가 혁명사의 유일한 미담이 되었다. 그러나 지금 혁명으로 말하자면, 민중이 곧 민중 자신을 위해 일으키는 혁명이므로 "민중혁명"이라 "직접 혁명"이라 하며, 민중이 직접 하는 혁명이므로 그 끓어오르는 팽창의 열기가 다만 숫자로 강약을 비교할 필요가 없으며, 그 성공과 실패의 결과가 전쟁이론의 상식을 벗어나 돈 한 푼 없고 병사 한 명 없는 민중만으로 백만의 군대와 억만의 자금을 지닌 제왕을 무너뜨리고 외적도 물리치나니, 그러므로 우리 혁명의 맨 첫걸음은 민중 각오의 요구다.

민중이 어떻게 각오하느냐?

민중은 신인神人이나 성인聖人이나 어떤 영웅호걸이 있어 "민중을 각오" 하도록 지도하는 데서 각오하는 것도 아니요, "민중아, 각오하자!", "민중이여, 각오하라!" 이런 절규에서 각오하는 것도 아니다.

오직 민중이 민중을 위하여 일체 불평, 부자연, 불합리한 민중 향상의

15 "백성을 위하여 난폭한 군왕을 죽인다."는 뜻으로 『맹자』「양혜왕」 편에 나온다.
16 "조출한 음식을 차려 왕의 군대를 반긴다."는 뜻으로 출전은 앞과 같다.

장애물을 먼저 타파함이 곧 "민중을 각오하게" 하는 유일한 방법이니, 다시 말하면 곧 먼저 깨달은 민중이 민중 전체를 위하여 혁명의 선구자가 되는 것이 민중 각오의 첫걸음이다.

일반 민중은 배고픔, 추위, 괴로움, 고통, 아내의 하소연, 아이의 울음, 세금의 독촉, 사채의 재촉, 행동의 부자유와 같은 모든 압박에 시달려, 살고자 하여도 살 수 없고 죽으려 하여도 죽을 바를 모르는 판이다. 이에 만일 그 압박의 주요 원인이자 강도정치의 실시자인 적들을 공격하고, 강도의 일체 시설을 파괴하여 혁명의 소식이 세계에 전파되고, 모든 이들이 동정의 눈물을 뿌리어 사람마다 "굶어 죽는 일" 이외에 되레 혁명이란 한길이 남아 있음을 깨달아, 용감한 이는 그 울분을 못 이겨, 약자는 그 고통을 못 견디어 모두 이 길로 모여들어 계속 나아가며, 온 나라가 하나 되어 대혁명을 이루면 간사하고, 교활하고, 잔인하고, 난폭한 강도 일본이 마침내 쫓겨 가는 날이라. 그러므로 우리 민중을 불러일으켜 강도의 통치를 타도하고 우리 민족의 새 생명을 개척하자면, 십만의 군대를 양성하는 것이 단 한 발의 폭탄만도 못하며, 몇만 장의 신문과 잡지가 단 한 번의 용맹한 폭동만도 못하다.

민중의 폭력적 혁명이 발생하지 않는다면 모르겠지만, 일단 발생한 이상에는 마치 벼랑 끝에서 굴리는 돌과 같아서 목적지에 도달하지 않으면 정지하지 않는다. 우리의 과거 역사로 말하면, 갑신정변은 특수 세력이 특수 세력과 싸우던 한때 궁중의 활극일 뿐이며, 경술국치 전후의 의병들은 충의와 애국으로 격렬히 일어난 양반들의 사상이며, 안중근과 이재명 같은 의사들의 폭력적 거사가 비록 열렬하였지만 그 바탕에 민중의 역량이 없었으며, 3·1운동의 만세 소리에 하나 된 민중의 열기가 잠시 분출하였으나 또한 폭력이 중심을 이루지 못하였다. "민중"과 "폭력" 둘 가운데 단 하나라도 빠지면 비록 엄청난 기세의 봉기라 할지라도 번갯불과 같이 사그라지는 것이다.

조선 안에 강도 일본이 만든 혁명의 원인이 산같이 쌓였다. 언제든지 민중의 폭력적 혁명이 시작되어 "독립을 하지 못하면 살지 않으리라!", "일본을 쫓아내지 못하면 물러서지 않으리라!" 하는 구호를 가지고 계속 전진하면 목적을 관철하고야 말 것이니, 이는 경찰의 칼이나 군대의 총이나 간사하고 교활한 정치가의 수단으로도 막지 못하리.

혁명의 과정은 당연히 처절하고 장렬한 기록이 되리라. 그러나 물러서면 그 뒤에는 어두운 함정뿐이요, 나아가면 그 앞에는 밝은 활로가 열리니, 우리 조선 민족은 그 처절하고 장렬한 기록을 그리며 나아갈 뿐이다.

이제 폭력(암살, 파괴, 폭동)의 목적물을 대략 열거하건대,

1. 조선 총독 및 각 관리
2. 일본 천황 및 각 관리
3. 정탐노偵探奴와 매국적賣國賊
4. 적의 일체 시설물

이 밖에 각 지방의 벼슬아치나 부호가 비록 뚜렷하게 혁명적 운동을 방해한 죄가 없을지라도 만일 말이나 행동으로 우리의 운동을 비방하고 훼손하는 자는 우리의 폭력으로써 갚을지니라. 일본인 이주민들은 일본 강도 정치의 손발이 되어 조선 민족의 생존을 위협하는 선봉이 되어 있으니 또한 우리의 폭력으로 몰아낼지니라.

5

혁명의 길은 파괴부터 개척할지니라. 그러나 파괴만 하려고 파괴하는 것이 아니라 건설하려고 파괴하는 것이니, 만일 건설할 줄 모르면 파괴할 줄도 모를 것이며, 파괴할 줄 모르면 건설할 줄도 모를지니라. 건설과 파괴가 다만 형식적으로 보아 구별될 뿐이요 정신적으로는 파괴가 곧 건설이니, 이를테면 우리가 일본 폭력을 파괴하려는 것은, 제1은 이민족 통치를 파괴하자 함이다. 왜? "조선" 위에 "일본"이란 이민족이 군림하고 있으니, 이민족 전제정치 밑에 있는 조선은 고유의 조선이 아니니, 고유의 조선을 되찾기 위하여 이민족 통치를 파괴함이니라. 제2는 특권계급을 파괴하자 함이다. 왜? "조선 민중" 위에 총독이니 무어니 하는 강도단의 특권계급이 압박하고 있으니, 특권계급의 압박 밑에 있는 조선 민중은 자유로운 조선 민중이 아니니, 자유로운 조선 민중을 발현하기 위하여 특권계급을 타파함이니라. 제3은 경제약탈제도를 파괴하자 함이다. 왜? 약탈 제도 밑에 있는 경제는 민중 자신이 생활하기 위하여 조직한 경제가 아니요, 곧 민중을 잡아먹으려는 강도의 살을 찌우기 위하여 조직한 경제니, 민중 생활의 발전을 위하여 경제약탈제도를 파괴함이니라. 제4는 사회적 불균형을 파괴하자 함이다. 왜? 약자 위에 강자가 있고 천민 위에 귀족이 있어 모든 불균형을 가진 사회는 약탈, 착취, 질투, 멸시하는 사회가 되어, 처음에는 소수의 행복을 위하여 다수의 민중을 해치다가 나중에는 또 소수끼리 해치면서 민중 전체의 행복이 모두 사라지고 마는 것이니, 민중 전체의 행복을 증진하기 위하여 사회적 불평균을 파괴함이니라. 제5는 노예적 문화사상을 파괴하자 함이다. 왜? 기존 문화사상의 종교, 윤리, 문학, 미술, 풍속, 습관 등은 모두 강자가 만들어 강자만을 옹호하던 것이 아니냐? 강자의 즐거움을 위하여 제공하던 도구들이 아니냐? 일반 민중을 노예로 만든 마취제가 아니냐? 소수 계급이 강자가 되고 다수 민중이 도리어 약자가 되어 불의의 압제에 저항하지 못함은 전적으로 노예적 문화사상의 속박 때문이다. 민중적 문화를 제창하여 그 속박의 쇠사슬을 끊지 않으면 일반 민중은 권리와 사상의 주장이 미약한 채로 자유 향상의 의지를 잃고 노예의 운명 속을 윤회할 뿐이다. 따라서 민중문화를 제창하기 위하여 노예적 문화사상을 파괴함이니라. 다시 말하면, "고유적 조선의", "자유적 조선 민중의", "민중적 경제의", "민중적 사회의", "민중적 문화의" 조선을 건설하기 위하여 "이민족 통치의", "약탈 제도의", "사회적 불평균의", "노예적 문화사상의" 현상을 타파함이니라. 그리하여 파괴적 정신이 곧 건설적 주장이다. 나아가면 파괴의 "칼"이 되고 들어오면 건설의 "깃발"이 될지니, 파괴할 기백은 없고 건설하려는 치상癡想만 있다면 오백 년이 지나도 혁명은 꿈도 꾸어보지 못할 것이다. 이제 파괴와 건설이 하나며 둘이 아닌 줄을 알진대, 민중적 파괴 앞에는 반드시 민중적 건설이 있는 줄을 알진대, 오늘의 조선 민중은 오로지 민중적 폭력으로 새로운 조선 건설의 장애물인 강도 일본 세력을 파괴해야 함을 알진대, 조선 민중이 한편이 되고 일본 강도가 한편이 되어, 네가 망하지 아니하면 내가 망하게 된 "외나무다리 위"에 선 줄을 알진대, 우리 이천만 민중이 하나로 폭력 파괴의 길로 나아갈지니라.

민중은 우리 혁명의 대본영이다.
폭력은 우리 혁명의 유일 무기다.
우리는 민중 속으로 가서 민중과 손을 잡고

끊임없는 폭력(암살, 파괴, 폭동)으로써
강도 일본의 통치를 타도하고,
우리 생활에 불합리한 일체 제도를 개조하여
인류가 인류를 압박하지 못하며 사회가 사회를 수탈하지 못하는
이상적 조선을 건설할지니라.

4256년 1월 일
의열단

번역문

일반용

조선혁명선언[17]

1

강도 일본이 우리 국호를 없이 하며, 우리의 정권을 빼앗으며, 우리 생존의 필요조건을 모두 박탈하였다.

경제의 생명인 산림, 강과 저수지, 철도, 광산, 어장 내지는 수공업 원료까지 다 빼앗아 일체 생산 기능을 칼로 베며, 도끼로 끊고, 토지세, 가옥세, 인구세, 가축세, 백일세[18], 지방세, 주초세[19], 비료세, 종자세, 영업세, 청결세, 소득세 등등 기타 각종 잡세가 날로 증가하여 혈액을 있는 대로 다 빨아가고, 어지간한 상인들은 일본 제조품만을 조선인에게 매개하는 중간상이 되어 차차 자본집중의 원칙으로 망해갈 뿐이오.

인민의 대다수인 일반 농민들은 피땀 흘려 토지를 갈아 그 한 해 소득으로 일신과 처자의 호구거리도 남기지 못하고, 우리를 잡아먹으려는 일본 강도에게 갖다 바쳐 그 살을 찌워주는 영원한 소와 말이 될 뿐이오. 나중에는 그 소와 말의 생활도 하지 못하게 일본인들의 이주만 해마다 높은 비율로 증가하여, "딸깍발이"[20] 등쌀에 우리 민족은 발 디딜 땅도 없이 산으로, 물로, 서간도로, 북간도로, 시베리아 황야로 몰려다니다가 굶어 죽어

17 이 글은 현대문으로 번역한 조선혁명선언을 비교적 읽기 편하게 일반적인 문단 형식으로 재구성한 것이다. 가장 보편적으로 사용할 수 있는 번역문이다.

18 1909년 10월에 일제가 신설한 시장세市場稅로 오늘날 영업세의 일종이다. 전체 거래액의 1%를 징수하여 백일세百一稅라고 불렀다.

19 술과 담배에 매긴 세금.

20 일본 사람을 비유한 말.

떠도는 귀신이 될 뿐이며….

강도 일본이 헌병정치, 경찰정치를 강행하여 우리 민족이 한 치의 행동도 마음대로 하지 못하고, 언론, 출판, 결사結社, 집회의 일체 자유가 없어 고통과 회한이 있으면 그저 벙어리 가슴이나 만질 뿐이오.

행복과 자유의 세계에는 눈뜬 소경이 되고, 자녀를 낳으면 "일어를 국어라, 일문을 국문이라 가르치는" 노예양성소 학교로 보내고, 조선 사람으로 혹 조선 역사를 읽게 되면 터무니없이 "단군을 소잔오존[21]의 형제"라 하며, "삼한시대 한강 이남을 일본 영지"라고 일본 놈들이 적은 대로 읽게 하며, 신문이나 잡지를 본다면 강도정치를 찬양하는 일본화된 노예적 문자뿐이며, 똑똑한 자제가 난다 해도 환경의 압박에서 염세주의 절망의 타락자가 되거나, 그렇지 않으면 "음모 사건"이란 이름 아래 감옥에 구속되어 주리 틀기, 칼 씌우기, 족쇄 채우기, 담금질, 채찍질, 전기 고문, 바늘로 손톱 발톱 쑤시기, 수족 달아매기, 콧구멍 물 붓기, 생식기에 심지 박기 같은 악형, 곧 야만 전제국가의 법률 사전에도 없는 온갖 악형을 다 당하고 죽거나, 요행히 살아서 감옥을 나온대도 평생 불구의 폐인이 될 뿐이라.

그렇지 않아도 발명과 창작의 본능은 생활의 곤란으로 단절되었으며, 진취적인 활발한 기상은 모든 압박으로 인해 소멸하고, "찍도 짹도" 못 하게 각 방면의 속박, 매질, 구박, 압제를 받아 나라 삼천리가 하나의 커다란 감옥이 되어 우리 민족은 아주 세세한 인류의 자각마저 다 잃었을 뿐 아니라, 곧 자동적 본능까지 잃고 노예와 기계가 되어 강도들의 이용품이 되고 말 뿐이며….

21 소잔오존素盞嗚尊(스사노오노 미코토)은 일본 건국 신화에 등장하는 신이다.

강도 일본이 우리의 생명을 하찮게 여겨 을사 이후 13도 의병이 일어나던 각 지방에서 일본군이 자행한 폭력을 이루 다 적을 수 없거니와, 최근 3·1운동 이후 수원, 선천 등의 국내 각지부터 북간도, 서간도, 노령 연해주까지 각처에서 주민을 살육한다, 촌락을 태운다, 재산을 약탈한다, 부녀를 겁탈한다, 목을 끊는다, 산 채로 묻는다, 불에 사른다, 혹 신체를 두 토막 세 토막 내어 죽인다, 아이를 형벌한다, 여인의 생식기를 파괴한다고 하는, 할 수 있는 데까지 모든 참혹한 수단을 써서 공포와 전율로 우리 민족을 압박하여 인간을 "산송장"으로 만들려 한다.

이상의 사실에 근거하여 우리는 일본의 강도정치 곧 이민족 통치가 우리 조선 민족 생존의 적임을 선언하는 동시에, 우리는 혁명 수단으로 우리 생존의 적인 강도 일본을 살벌殺伐함이 곧 우리의 정당한 수단임을 선언하노라.

2

내정 독립이나 참정권이나 자치를 운동하는 자가 누구냐?

너희들이 "동양 평화", "한국독립보전" 등을 담보한 약속이 먹도 마르지 않아 삼천리 강토를 집어먹던 역사를 잊었느냐? "조선 인민 생명 재산 자유 보호", "조선 인민 행복 증진" 등을 분명히 밝힌 선언이 땅에 떨어지지도 않아 2천만의 생명이 지옥에 빠지던 실제를 보지 못하였느냐? 3·1운동 이후 강도 일본이 또 우리의 독립운동을 훼방하려고 송병준, 민원식 같은 매국노 한둘을 시켜 이따위 정신 나간 소리를 지껄임이니, 이에 부화뇌동하는 자 맹인이 아니면 어찌 간적奸賊이 아니더냐.

설혹 강도 일본이 과연 관대한 도량이 있어 흔쾌히 이러한 요구를 허락한다고 하자. 소위 내정 독립만을 찾고 각종 이권을 찾지 못한다면 조선 민족은 저 굶어 죽은 귀신이 될 것 아니냐?

참정권을 획득한다고 하자. 자기 나라 무산계급의 혈액까지 착취하는 자본주의 강도 나라의 식민지 인민으로 몇몇 노예적인 대의원을 선출하여 어찌 굶어 죽는 비극에서 벗어날 수 있겠느냐?

자치를 얻는다고 하자. 그 어떤 종류의 자치임을 묻지 않더라도 일본이 저 강도 같은 침략주의 간판인 "제국"이란 명칭을 버리지 않는 한, 그 부속에 불과한 조선 인민이 어찌 자질구레한 자치의 이름으로 민족의 생존을 유지하겠느냐?

설혹 강도 일본이 돌연 불보살이 되어 하루아침에 총독부를 철폐하고 각종 이권을 다 우리에게 돌려주고, 내정과 외교를 다 우리의 자유에 맡기고 일본의 군대와 경찰을 일시에 철수하며, 일본 이주민을 일시에 불러들이고 다만 허명의 종주권만 갖겠다 하더라도, 우리가 만약 과거의 기억을 전부 지우지 못한다면 일본을 종주국으로 섬긴다는 것이 "치욕"이란 글자를 아는 사람으로서는 못 할 짓이니라.

일본 강도정치 아래서 문화운동을 부르는 자는 누구냐?

문화는 산업과 문물의 발달한 전체를 가리키는 말이니, 경제 약탈의 제도 아래서 생존권이 박탈된 민족은 "그 종족의 보전"도 의문이거든 하물며 문화 발전의 가능성이 있으랴?

쇠망한 인도인이나 유대인에게도 문화가 있다지만, 하나는 자본의 힘으로 그 선조의 종교적 유업을 계승해 가는 것이며, 하나는 그 국토의 넓음과 인구의 많음으로 과거에 자유로이 발달했던 혜택을 지키고 보존함이니,

어디 모기나 등에처럼, 승냥이나 이리처럼 사람의 피를 빨다가 골수까지 깨무는 강도 일본의 입에 물린 조선 같은 데서 문화가 발전하거나 보존한 전례가 있더냐? 검열과 압수 같은 일체 압박 속에서 고작 몇몇 신문잡지를 가지고 "문화운동"의 목탁이라 떠벌리며, 강도의 기분에 거스르지 아니할 만한 언론이나 주창하고 그것을 문화 발전의 과정으로 본다면, 그런 문화 발전은 도리어 조선의 불행인가 하노라.

이상의 이유에 근거하여 우리는 우리 생존의 적인 강도 일본과 타협하려는 자(내정 독립, 자치, 참정권론자)나 강도정치 아래 기생하려는 주의를 가진 자(문화운동론자)나 모두 우리의 적임을 선언하노라.

3

강도 일본을 쫓아내는 일에 또 다음과 같은 주장이 있으니, 제1은 외교론이다.

조선왕조 오백 년 문약정치文弱政治가 "외교"만을 국방의 최우선으로 삼고 그 말기에 더욱 심하여, 갑신정변 이래 유신당과 수구당의 성패가 매번 외국의 도움이 있고 없음으로 결정이 났다. 위정자의 정책은 오직 이 나라를 끌어들여 저 나라를 견제하는 방법 이외에 선택의 여지가 없었고, 그 의존의 습성이 결국 일반 정치 사회에 전염되었다.

즉 청일전쟁과 러일전쟁에서 일본이 수십만의 생명과 수억만의 재산을 희생하여 두 나라를 물리치고 조선에 대하여 강도 같은 침략주의를 관철하려 하는데, 우리 조선의 "조국을 사랑한다, 민족을 건지려 한다." 하는 이들은 칼 한 자루 총탄 한 발을 우매하고 탐욕스럽고 난폭한 관리나 나라의 도적에게 던지지 못하고, 외교문서나 여러 나라 공관에 보내며, 더욱 긴 편지를 일본 정부에 보내 나라 형편의 어려움을 하소연하여 국가 존망, 민족 사활의 중대한 문제를 외국인, 심지어 적국의 인사들이 처분하고 결정하기만을 기다렸다. 그리하여 "을사늑약"이나 "경술국치"처럼 "조선"이란 이름이 생긴 뒤 몇천 년 만에 처음 당한 치욕에 대한 조선 민족의 분노가 겨우 합이빈哈爾賓의 총[22], 종현鐘峴의 칼[23], 산림유생의 의병이 되고 말았다.

아! 과거 수십 년 역사야말로 용감한 이는 침 뱉고 욕할 만한 역사며, 어진 사람은 다만 상심할 만한 역사다. 그러고도 망국 이후 해외로 나가는 모모 지사들의 사상이 무엇보다 먼저 "외교"를 제1장 제1조로 삼고, 국내 인민의 독립운동을 선동하는 방법도 "미래의 일미日美전쟁, 일로日露전쟁 등의 기회"를 노리자는 것이 거의 하나같은 문장이었고, 최근 3·1운동에서 흔히 첫인사로 주고받던 "평화회의"와 "국제연맹"에 대한 지나친 신뢰와 선전이 도리어 이천만 민중이 분노로 전진하는 열망을 잠재우는 원인이 되었을 뿐이다.

제2는 준비론이니, 을사늑약 당시 여러 나라 공관에 수없이 보낸 종이 문서 따위로 넘어가는 국권을 붙잡지 못했으며, 정미년의 헤이그 특사도 독립 회복의 소식을 안고 오지 못했으니, 이에 차차 외교에 대하여 의문이 생기면서 전쟁 아니면 안 되겠다는 판단이 생겨났다.

그러나 군인도 없고 무기도 없이 무엇으로 전쟁하겠느냐?

22 1909년 10월 26일, 합이빈(하얼빈)에서 이등박문을 살벌했던 안중근 의사의 거사.
23 1909년 12월 22일, 이재명 의사가 매국노 이완용을 습격했던 거사. 거사 현장인 종현천주교당은 지금의 명동성당이다.

산림유생들은 역사적 대의를 바탕으로 이기고 지는 것을 따지지 않고 의병을 모집하여, 벼슬아치 복장으로 선두의 대장이 되어 산양 포수의 화승총을 모아 조일전쟁 전면에 나섰지만, 신문을 읽어본 이들은, 곧 상황을 짐작하는 이들은 그럴만한 용기가 나지 않는다.

이에 "지금 당장 일본과 전쟁한다는 것은 망발이다. 총도 장만하고, 돈도 장만하고, 대포도 장만하고, 군사들까지 다 장만한 뒤에 일본과 전쟁한다." 하는 것이 이른바 준비론 곧 독립전쟁을 준비하자 함이다. 외세의 침략이 더할수록 우리의 부족한 것들이 자꾸 늘어나서, 그 준비론의 범위가 전쟁 이외까지 확장되어 교육도 진흥해야겠다, 상공업도 발전해야겠다, 기타 무엇무엇 일체가 모두 준비론이 되었다.

경술국치 이후 몇몇 지사들이 혹 서북간도의 삼림을 더듬으며, 혹 시베리아의 찬바람에 배부르며, 혹 남경과 북경으로 돌아다니며, 혹 미국과 하와이로 돌아가며, 혹 경향 각지에 출몰하여 십여 년 국내외 여러 곳에서 목이 터질 만큼 준비! 준비를 외쳤지만, 그 소득이 몇 개 불완전한 학교의 건립과 실력 없는 단체뿐이었다.

그러나 그들의 노력이 부족한 것이 아니라 그 주장의 착오다. 강도 일본이 정치 경제 두 방면을 압박하여 경제가 날로 곤란하고 생산기관이 전부 박탈되어 먹고사는 길마저 막막하니, 무엇으로 어떻게 실업을 발전하며, 교육을 확장하며, 더구나 어디서 얼마나 군인을 양성하며, 양성한들 일본 군사력의 백분의 일이라도 될 수 있겠느냐? 실로 한바탕 잠꼬대일 뿐이다.

이상의 이유에 근거하여 우리는 "외교", "준비" 등의 헛된 꿈을 버리고 민중 직접혁명의 수단을 취함을 선언하노라.

4

조선 민족의 생존을 유지하자면 강도 일본을 쫓아낼 것이며, 강도 일본을 쫓아내자면 오직 혁명으로써 할 뿐이니, 혁명이 아니고는 강도 일본을 쫓아낼 방법이 없는 것이다.

그러나 우리가 혁명에 종사하려면 어느 방면부터 착수하겠느뇨?

과거의 혁명으로 말하자면, 인민은 국가의 노예가 되고 그 위에 인민을 지배하는 상전, 곧 특수 세력이 있어 소위 혁명이란 것은 특수 세력의 이름만 바꾸는 것에 불과하였다. 다시 말하면, "을"이라는 특수 세력으로 "갑"이라는 특수 세력을 대체하는 것에 불과하였다. 그러므로 인민은 혁명에 대하여 다만 갑과 을의 두 세력, 곧 신구 상전 중에 누가 어질고 누가 난폭한지, 누가 좋고 누가 나쁜지를 보아 판단을 정할 뿐, 직접 관계가 없었다. 따라서 "주기군이조기민誅其君而吊其民"[24]이 혁명의 유일한 이념이 되고, "단사호장이영왕사簞食壺漿以迎王師"[25]가 혁명사의 유일한 미담이 되었다.

그러나 지금 혁명으로 말하자면, 민중이 곧 민중 자신을 위해 일으키는 혁명이므로 "민중혁명"이라 "직접 혁명"이라 하며, 민중이 직접 하는 혁명이므로 그 끓어오르는 팽창의 열기가 다만 숫자로 강약을 비교할 필요가 없으며, 그 성공과 실패의 결과가 전쟁이론의 상식을 벗어나 돈 한 푼 없고 병사 한 명 없는 민중만으로 백만의 군대와 억만의 자금을 지닌 제왕을 무너뜨리고 외적도 물리치나니, 그러므로 우리 혁명의 맨 첫걸음은 민

24 "백성을 위하여 난폭한 군왕을 죽인다."는 뜻으로 『맹자』 「양혜왕」 편에 나온다.
25 "조촐한 음식을 차려 왕의 군대를 반긴다."는 뜻으로 출전은 앞과 같다.

중 각오의 요구다.

민중이 어떻게 각오하느냐?

민중은 신인神人이나 성인聖人이나 어떤 영웅호걸이 있어 "민중을 각오" 하도록 지도하는 데서 각오하는 것도 아니요, "민중아, 각오하자!", "민중이여, 각오하라!" 이런 절규에서 각오하는 것도 아니다.

오직 민중이 민중을 위하여 일체 불평, 부자연, 불합리한 민중 향상의 장애물을 먼저 타파함이 곧 "민중을 각오하게" 하는 유일한 방법이니, 다시 말하면 곧 먼저 깨달은 민중이 민중 전체를 위하여 혁명의 선구자가 되는 것이 민중 각오의 첫걸음이다.

일반 민중은 배고픔, 추위, 괴로움, 고통, 아내의 하소연, 아이의 울음, 세금의 독촉, 사채의 재촉, 행동의 부자유와 같은 모든 압박에 시달려, 살고자 하여도 살 수 없고 죽으려 하여도 죽을 바를 모르는 판이다.

이에 만일 그 압박의 주요 원인이자 강도정치의 실시자인 적들을 공격하고, 강도의 일체 시설을 파괴하여 혁명의 소식이 세계에 전파되고, 모든 이들이 동정의 눈물을 뿌리어 사람마다 "굶어 죽는 일" 이외에 되레 혁명이란 한길이 남아 있음을 깨달아, 용감한 이는 그 울분을 못 이겨, 약자는 그 고통을 못 견디어 모두 이 길로 모여들어 계속 나아가며, 온 나라가 하나 되어 대혁명을 이루면 간사하고, 교활하고, 잔인하고, 난폭한 강도 일본이 마침내 쫓겨 가는 날이라. 그러므로 우리 민중을 불러일으켜 강도의 통치를 타도하고 우리 민족의 새 생명을 개척하자면, 십만의 군대를 양성하는 것이 단 한 발의 폭탄만도 못하며, 몇만 장의 신문과 잡지가 단 한 번의 용맹한 폭동만도 못하다.

민중의 폭력적 혁명이 발생하지 않는다면 모르겠지만, 일단 발생한 이상에는 마치 벼랑 끝에서 굴리는 돌과 같아서 목적지에 도달하지 않으면 정지하지 않는다.

우리의 과거 역사로 말하면, 갑신정변은 특수 세력이 특수 세력과 싸우던 한때 궁중의 활극일 뿐이며, 경술국치 전후의 의병들은 충의와 애국으로 격렬히 일어난 양반들의 사상이며, 안중근과 이재명 같은 의사들의 폭력적 거사가 비록 열렬하였지만 그 바탕에 민중의 역량이 없었으며, 3·1운동의 만세 소리에 하나 된 민중의 열기가 잠시 분출하였으나 또한 폭력이 중심을 이루지 못하였다. "민중"과 "폭력" 둘 가운데 단 하나라도 빠지면 비록 엄청난 기세의 봉기라 할지라도 번갯불과 같이 사그라지는 것이다.

조선 안에 강도 일본이 만든 혁명의 원인이 산같이 쌓였다. 언제든지 민중의 폭력적 혁명이 시작되어 "독립을 하지 못하면 살지 않으리라!", "일본을 쫓아내지 못하면 물러서지 않으리라!" 하는 구호를 가지고 계속 전진하면 목적을 관철하고야 말 것이니, 이는 경찰의 칼이나 군대의 총이나 간사하고 교활한 정치가의 수단으로도 막지 못하리.

혁명의 과정은 당연히 처절하고 장렬한 기록이 되리라. 그러나 물러서면 그 뒤에는 어두운 함정뿐이요, 나아가면 그 앞에는 밝은 활로가 열리니, 우리 조선 민족은 그 처절하고 장렬한 기록을 그리며 나아갈 뿐이다.

이제 폭력(암살, 파괴, 폭동)의 목적물을 대략 열거하건대,

1. 조선 총독 및 각 관리
2. 일본 천황 및 각 관리
3. 정탐노偵探奴와 매국적賣國賊
4. 적의 일체 시설물

이 밖에 각 지방의 벼슬아치나 부호가 비록 뚜렷하게 혁명적 운동을 방해한 죄가 없을지라도 만일 말이나 행동으로 우리의 운동을 비방하고 훼손하는 자는 우리의 폭력으로써 갚을지니라. 일본인 이주민들은 일본 강도정치의 손발이 되어 조선 민족의 생존을 위협하는 선봉이 되어 있으니 또한 우리의 폭력으로 몰아낼지니라.

5

혁명의 길은 파괴부터 개척할지니라.

그러나 파괴만 하려고 파괴하는 것이 아니라 건설하려고 파괴하는 것이니, 만일 건설할 줄 모르면 파괴할 줄도 모를 것이며, 파괴할 줄 모르면 건설할 줄도 모를지니라. 건설과 파괴가 다만 형식적으로 보아 구별될 뿐이요 정신적으로는 파괴가 곧 건설이니, 이를테면 우리가 일본 폭력을 파괴하려는 것은,

제1은 이민족 통치를 파괴하자 함이다. 왜? "조선" 위에 "일본"이란 이민족이 군림하고 있으니, 이민족 전제정치 밑에 있는 조선은 고유의 조선이 아니니, 고유의 조선을 되찾기 위하여 이민족 통치를 파괴함이니라.

제2는 특권계급을 파괴하자 함이다. 왜? "조선 민중" 위에 총독이니 무어니 하는 강도단의 특권계급이 압박하고 있으니, 특권계급의 압박 밑에 있는 조선 민중은 자유로운 조선 민중이 아니니, 자유로운 조선 민중을 발현하기 위하여 특권계급을 타파함이니라.

제3은 경제약탈제도를 파괴하자 함이다. 왜? 약탈 제도 밑에 있는 경제는 민중 자신이 생활하기 위하여 조직한 경제가 아니요, 곧 민중을 잡아먹

으려는 강도의 살을 찌우기 위하여 조직한 경제니, 민중 생활의 발전을 위하여 경제약탈제도를 파괴함이니라.

제4는 사회적 불균형을 파괴하자 함이다. 왜? 약자 위에 강자가 있고 천민 위에 귀족이 있어 모든 불균형을 가진 사회는 약탈, 착취, 질투, 멸시하는 사회가 되어, 처음에는 소수의 행복을 위하여 다수의 민중을 해치다가 나중에는 또 소수끼리 해치면서 민중 전체의 행복이 모두 사라지고 마는 것이니, 민중 전체의 행복을 증진하기 위하여 사회적 불평균을 파괴함이니라.

제5는 노예적 문화사상을 파괴하자 함이다. 왜? 기존 문화사상의 종교, 윤리, 문학, 미술, 풍속, 습관 등은 모두 강자가 만들어 강자만을 옹호하던 것이 아니냐? 강자의 즐거움을 위하여 제공하던 도구들이 아니냐? 일반 민중을 노예로 만든 마취제가 아니냐? 소수 계급이 강자가 되고 다수 민중이 도리어 약자가 되어 불의의 압제에 저항하지 못함은 전적으로 노예적 문화사상의 속박 때문이다. 민중적 문화를 제창하여 그 속박의 쇠사슬을 끊지 않으면 일반 민중은 권리와 사상의 주장이 미약한 채로 자유 향상의 의지를 잃고 노예의 운명 속을 윤회할 뿐이다. 따라서 민중문화를 제창하기 위하여 노예적 문화사상을 파괴함이니라.

다시 말하면, "고유적 조선의", "자유적 조선 민중의", "민중적 경제의", "민중적 사회의", "민중적 문화의" 조선을 건설하기 위하여 "이민족 통치의", "약탈 제도의", "사회적 불평균의", "노예적 문화사상의" 현상을 타파함이니라.

그리하여 파괴적 정신이 곧 건설적 주장이다. 나아가면 파괴의 "칼"이 되고 들어오면 건설의 "깃발"이 될지니, 파괴할 기백은 없고 건설하려는 치상

癡想만 있다면 오백 년이 지나도 혁명은 꿈도 꾸어보지 못할 것이다.

이제 파괴와 건설이 하나며 둘이 아닌 줄을 알진대, 민중적 파괴 앞에는 반드시 민중적 건설이 있는 줄을 알진대, 오늘의 조선 민중은 오로지 민중적 폭력으로 새로운 조선 건설의 장애물인 강도 일본 세력을 파괴해야 함을 알진대, 조선 민중이 한편이 되고 일본 강도가 한편이 되어, 네가 망하지 아니하면 내가 망하게 된 "외나무다리 위"에 선 줄을 알진대, 우리 이천만 민중이 하나로 폭력 파괴의 길로 나아갈지니라.

민중은 우리 혁명의 대본영이다.
폭력은 우리 혁명의 유일 무기다.
우리는 민중 속으로 가서 민중과 손을 잡고
끊임없는 폭력(암살, 파괴, 폭동)으로써
강도 일본의 통치를 타도하고,
우리 생활에 불합리한 일체 제도를 개조하여
인류가 인류를 압박하지 못하며
사회가 사회를 수탈하지 못하는
이상적 조선을 건설할지니라.

4256년 1월 일
의열단

번역문

수업용

조선혁명선언[26]

1

강도 일본이 우리 국호를 없이 하며, 우리의 정권을 빼앗으며, 우리 생존의 필요조건을 모두 박탈하였다.

경제의 생명인 산림, 강과 저수지, 철도, 광산, 어장 내지는 수공업 원료까지 다 빼앗아 일체 생산 기능을 칼로 베며, 도끼로 끊고, 토지세, 가옥세, 인구세, 가축세, 백일세[27], 지방세, 주초세[28], 비료세, 종자세, 영업세, 청결세, 소득세 등등 기타 각종 잡세가 날로 증가하여 혈액을 있는 대로 다 빨아가고, 어지간한 상인들은 일본 제조품만을 조선인에게 매개하는 중간상이 되어 차차 자본집중의 원칙으로 망해갈 뿐이오.

인민의 대다수인 일반 농민들은 피땀 흘려 토지를 갈아 그 한 해 소득으로 일신과 처자의 호구거리도 남기지 못하고, 우리를 잡아먹으려는 일본 강도에게 갖다 바쳐 그 살을 찌워주는 영원한 소와 말이 될 뿐이오. 나중에는 그 소와 말의 생활도 하지 못하게 일본인들의 이주만 해마다 높은 비율로 증가하여, "딸깍발이"[29] 등쌀에 우리 민족은 발 디딜 땅도 없이 산으

26 이 글은 현대문으로 번역한 조선혁명선언 일반용을 수업 자료로 쓰기 위하여 요점이 되는 부분에는 밑줄을, 핵심 주제가 담긴 문장은 굵게 강조한 것이다.

27 1909년 10월에 일제가 신설한 시장세市場稅로 오늘날 영업세의 일종이다. 전체 거래액의 1%를 징수하여 백일세百一稅라고 불렀다.

28 술과 담배에 매긴 세금.

29 일본 사람을 비유한 말.

로, 물로, 서간도로, 북간도로, 시베리아 황야로 몰려다니다가 굶어 죽어 떠도는 귀신이 될 뿐이며….

강도 일본이 헌병정치, 경찰정치를 강행하여 우리 민족이 한 치의 행동도 마음대로 하지 못하고, 언론, 출판, 결사結社, 집회의 일체 자유가 없어 고통과 회한이 있으면 그저 벙어리 가슴이나 만질 뿐이오.

행복과 자유의 세계에는 눈뜬 소경이 되고, 자녀를 낳으면 **"일어를 국어라, 일문을 국문이라 가르치는" 노예양성소 학교로 보내고, 조선 사람으로 혹 조선 역사를 읽게 되면 터무니없이 "단군을 소잔오존[30]의 형제"라 하며, "삼한시대 한강 이남을 일본 영지"라고 일본 놈들이 적은 대로 읽게 하며,** 신문이나 잡지를 본다면 강도정치를 찬양하는 일본화된 노예적 문자뿐이며, 똑똑한 자제가 난다 해도 환경의 압박에서 염세주의 절망의 타락자가 되거나, 그렇지 않으면 "음모 사건"이란 이름 아래 감옥에 구속되어 주리 틀기, 칼 씌우기, 족쇄 채우기, 담금질, 채찍질, 전기 고문, 바늘로 손톱 발톱 쑤시기, 수족 달아매기, 콧구멍 물 붓기, 생식기에 심지 박기 같은 악형, 곧 야만 전제국가의 법률 사전에도 없는 온갖 악형을 다 당하고 죽거나, 요행히 살아서 감옥을 나온대도 평생 불구의 폐인이 될 뿐이라.

그렇지 않아도 발명과 창작의 본능은 생활의 곤란으로 단절되었으며, 진취적인 활발한 기상은 모든 압박으로 인해 소멸하고, "찍도 짹도" 못 하게 각 방면의 속박, 매질, 구박, 압제를 받아 나라 삼천리가 하나의 커다란 감옥이 되어 우리 민족은 아주 세세한 인류의 자각마저 다 잃었을 뿐 아니

30 소잔오존素盞嗚尊(스사노오노 미코토)은 일본 건국 신화에 등장하는 신이다.

라, 곧 자동적 본능까지 잃고 노예와 기계가 되어 강도들의 이용품이 되고 말 뿐이며….

강도 일본이 우리의 생명을 하찮게 여겨 을사 이후 13도 의병이 일어나던 각 지방에서 일본군이 자행한 폭력을 이루 다 적을 수 없거니와, 최근 3·1운동 이후 수원, 선천 등의 국내 각지부터 북간도, 서간도, 노령 연해주까지 각처에서 주민을 살육한다, 촌락을 태운다, 재산을 약탈한다, 부녀를 겁탈한다, 목을 끊는다, 산 채로 묻는다, 불에 사른다, 혹 신체를 두 토막 세 토막 내어 죽인다, 아이를 형벌한다, 여인의 생식기를 파괴한다고 하는, 할 수 있는 데까지 모든 참혹한 수단을 써서 공포와 전율로 우리 민족을 압박하여 인간을 "산송장"으로 만들려 한다.

이상의 사실에 근거하여 우리는 일본의 강도정치 곧 이민족 통치가 우리 조선 민족 생존의 적임을 선언하는 동시에, 우리는 혁명 수단으로 우리 생존의 적인 강도 일본을 살벌殺伐함이 곧 우리의 정당한 수단임을 선언하노라.

2

내정 독립이나 참정권이나 자치를 운동하는 자가 누구냐?

너희들이 "동양 평화", "한국독립보전" 등을 담보한 약속이 먹도 마르지 않아 삼천리 강토를 집어먹던 역사를 잊었느냐? "조선 인민 생명 재산 자유 보호", "조선 인민 행복 증진" 등을 분명히 밝힌 선언이 땅에 떨어지지도 않아 2천만의 생명이 지옥에 빠지던 실제를 보지 못하였느냐? 3·1운동 이후 강도 일본이 또 우리의 독립운동을 훼방하려고 송병준, 민원식 같은 매국노 한둘을 시켜 이따위 정신 나간 소리를 지껄임이니, 이에 부화뇌동하는 자 맹인이 아니면 어찌 간적奸賊이 아니더냐.

설혹 강도 일본이 과연 관대한 도량이 있어 흔쾌히 이러한 요구를 허락한다고 하자. 소위 **내정 독립만을 찾고 각종 이권을 찾지 못한다면 조선 민족은 저 굶어 죽은 귀신이 될 것** 아니냐?

참정권을 획득한다고 하자. 자기 나라 무산계급의 혈액까지 착취하는 자본주의 강도 나라의 식민지 인민으로 몇몇 노예적인 대의원을 선출하여 어찌 굶어 죽는 비극에서 벗어날 수 있겠느냐?

자치를 얻는다고 하자. 그 어떤 종류의 자치임을 묻지 않더라도 일본이 저 강도 같은 침략주의 간판인 "제국"이란 명칭을 버리지 않는 한, 그 부속에 불과한 조선 인민이 어찌 자질구레한 자치의 이름으로 민족의 생존을 유지하겠느냐?

설혹 강도 일본이 돌연 불보살이 되어 하루아침에 총독부를 철폐하고 각종 이권을 다 우리에게 돌려주고, 내정과 외교를 다 우리의 자유에 맡기고 일본의 군대와 경찰을 일시에 철수하며, 일본 이주민을 일시에 불러들이고 다만 허명의 종주권만 갖겠다 하더라도, **우리가 만약 과거의 기억을 전부 지우지 못한다면 일본을 종주국으로 섬긴다는 것이 "치욕"이란 글자를 아는 사람으로서는 못 할 짓**이니라.

<u>일본 강도정치 아래서 문화운동을 부르는 자는 누구냐?</u>

문화는 산업과 문물의 발달한 전체를 가리키는 말이니, 경제 약탈의 제도 아래서 생존권이 박탈된 민족은 "그 종족의 보전"도 의문이거든 하물며 문화 발전의 가능성이 있으랴?

쇠망한 인도인이나 유대인에게도 문화가 있다지만, 하나는 자본의 힘으로 그 선조의 종교적 유업을 계승해 가는 것이며, 하나는 그 국토의 넓음과 인구의 많음으로 과거에 자유로이 발달했던 혜택을 지키고 보존함이니, 어디 모기나 등에처럼, 승냥이나 이리처럼 사람의 피를 빨다가 골수까지 깨무는 강도 일본의 입에 물린 조선 같은 데서 문화가 발전하거나 보존한 전례가 있더냐? 검열과 압수 같은 일체 압박 속에서 **고작 몇몇 신문잡지를 가지고 "문화운동"의 목탁이라 떠벌리며, 강도의 기분에 거스르지 아니할 만한 언론이나 주창하고 그것을 문화 발전의 과정으로 본다면, 그런 문화 발전은 도리어 조선의 불행**인가 하노라.

이상의 이유에 근거하여 우리는 우리 생존의 적인 강도 일본과 타협하려는 자(내정 독립, 자치, 참정권론자)나 강도정치 아래 기생하려는 주의를 가진 자(문화운동론자)나 모두 우리의 적임을 선언하노라.

3

강도 일본을 쫓아내는 일에 또 다음과 같은 주장이 있으니, 제1은 외교론이다.

조선왕조 오백 년 문약정치文弱政治가 "외교"만을 국방의 최우선으로 삼고 그 말기에 더욱 심하여, 갑신정변 이래 유신당과 수구당의 성패가 매번 외국의 도움이 있고 없음으로 결정이 났다. 위정자의 정책은 오직 이 나라를 끌어들여 저 나라를 견제하는 방법 이외에 선택의 여지가 없었고, 그 의존의 습성이 결국 일반 정치 사회에 전염되었다.

즉 청일전쟁과 러일전쟁에서 일본이 수십만의 생명과 수억만의 재산을 희생하여 두 나라를 물리치고 조선에 대하여 강도 같은 침략주의를 관철하려 하는데, 우리 조선의 "조국을 사랑한다, 민족을 건지려 한다." 하는 이들은 **칼 한 자루 총탄 한 발을 우매하고 탐욕스럽고 난폭한 관리나 나라의 도적에게 던지지 못하고, 외교문서나 여러 나라 공관에 보내며, 더욱 긴 편지를 일본 정부에 보내 나라 형편의 어려움을 하소연하여 국가 존망, 민족 사활의 중대한 문제를 외국인, 심지어 적국의 인사들이 처분하고 결정하기만을 기다렸다.** 그리하여 "을사늑약"이나 "경술국치"처럼 "조선"이란 이름이 생긴 뒤 몇천 년 만에 처음 당한 치욕에 대한 조선 민족의 분노가 겨우 합이빈哈爾賓의 총[31], 종현鐘峴의 칼[32], 산림유생의 의병이 되고 말았다.

아! 과거 수십 년 역사야말로 용감한 이는 침 뱉고 욕할 만한 역사며, 어진 사람은 다만 상심할 만한 역사다. 그러고도 **망국 이후 해외로 나가는 모모 지사들의 사상이 무엇보다 먼저 "외교"를 제1장 제1조로 삼고, 국내 인민의 독립운동을 선동하는 방법도 "미래의 일미日美전쟁, 일로日露전쟁 등의 기회"를 노리자는 것이 거의 하나같은 문장**이었고, 최근 3·1운동에서 흔히 첫인사로 주고받던 **"평화회의"와 "국제연맹"에 대한 지나친 신뢰와 선전이 도리어 이천만 민중이 분노로 전진하는 열망을 잠재우는 원인이 되었을 뿐**이다.

제2는 준비론이니, 을사늑약 당시 여러 나라 공관에 수없이 보낸 종이 문서 따위로 넘어가는 국권을 붙잡지 못했으며, 정미년의 헤이그 특사도

31 1909년 10월 26일, 합이빈(하얼빈)에서 이등박문을 살벌했던 안중근 의사의 거사.
32 1909년 12월 22일, 이재명 의사가 매국노 이완용을 습격했던 거사. 거사 현장인 종현천주교당은 지금의 명동성당이다.

독립 회복의 소식을 안고 오지 못했으니, 이에 차차 외교에 대하여 의문이 생기면서 전쟁 아니면 안 되겠다는 판단이 생겨났다.

그러나 군인도 없고 무기도 없이 무엇으로 전쟁하겠느냐?

산림유생들은 역사적 대의를 바탕으로 이기고 지는 것을 따지지 않고 의병을 모집하여, 벼슬아치 복장으로 선두의 대장이 되어 산양 포수의 화승총을 모아 조일전쟁 전면에 나섰지만, 신문을 읽어본 이들은, 곧 상황을 짐작하는 이들은 그럴만한 용기가 나지 않는다.

이에 "지금 당장 일본과 전쟁한다는 것은 망발이다. 총도 장만하고, 돈도 장만하고, 대포도 장만하고, 군사들까지 다 장만한 뒤에 일본과 전쟁한다." 하는 것이 이른바 준비론 곧 독립전쟁을 준비하자 함이다. 외세의 침략이 더할수록 우리의 부족한 것들이 자꾸 늘어나서, 그 준비론의 범위가 전쟁 이외까지 확장되어 교육도 진흥해야겠다, 상공업도 발전해야겠다, 기타 무엇무엇 일체가 모두 준비론이 되었다.

경술국치 이후 몇몇 지사들이 혹 서북간도의 삼림을 더듬으며, 혹 시베리아의 찬바람에 배부르며, 혹 남경과 북경으로 돌아다니며, 혹 미국과 하와이로 돌아가며, 혹 경향 각지에 출몰하여 **십여 년 국내외 여러 곳에서 목이 터질 만큼 준비! 준비를 외쳤지만, 그 소득이 몇 개 불완전한 학교의 건립과 실력 없는 단체뿐이었다.**

그러나 그들의 노력이 부족한 것이 아니라 그 주장의 착오다. 강도 일본이 정치 경제 두 방면을 압박하여 경제가 날로 곤란하고 생산기관이 전부 박탈되어 먹고사는 길마저 막막하니, 무엇으로 어떻게 실업을 발전하며, 교육을 확장하며, 더구나 어디서 얼마나 군인을 양성하며, 양성한들 일본 군사력의 백분의 일이라도 될 수 있겠느냐? 실로 한바탕 잠꼬대일 뿐이다.

이상의 이유에 근거하여 우리는 "외교", "준비" 등의 헛된 꿈을 버리고 민중 직접혁명의 수단을 취함을 선언하노라.

4

조선 민족의 생존을 유지하자면 강도 일본을 쫓아낼 것이며, 강도 일본을 쫓아내자면 오직 혁명으로써 할 뿐이니, 혁명이 아니고는 강도 일본을 쫓아낼 방법이 없는 것이다.

그러나 우리가 혁명에 종사하려면 어느 방면부터 착수하겠느뇨?

과거의 혁명으로 말하자면, 인민은 국가의 노예가 되고 그 위에 인민을 지배하는 상전, 곧 특수 세력이 있어 소위 혁명이란 것은 특수 세력의 이름만 바꾸는 것에 불과하였다. 다시 말하면, "을"이라는 특수 세력으로 "갑"이라는 특수 세력을 대체하는 것에 불과하였다. 그러므로 인민은 혁명에 대하여 다만 갑과 을의 두 세력, 곧 신구 상전 중에 누가 어질고 누가 난폭한지, 누가 좋고 누가 나쁜지를 보아 판단을 정할 뿐, 직접 관계가 없었다. 따라서 "주기군이조기민誅其君而吊其民"[33]이 혁명의 유일한 이념이 되고, "단사호장이영왕사簞食壺漿以迎王師"[34]가 혁명사의 유일한 미담이 되었다.

그러나 지금 혁명으로 말하자면, **민중이 곧 민중 자신을 위해 일으키는 혁명이므로 "민중혁명"이라 "직접 혁명"이라 하며, 민중이 직접 하는 혁**

33 "백성을 위하여 난폭한 군왕을 죽인다."는 뜻으로 『맹자』 「양혜왕」 편에 나온다.
34 "조촐한 음식을 차려 왕의 군대를 반긴다."는 뜻으로 출전은 앞과 같다.

명이므로 그 끓어오르는 팽창의 열기가 다만 숫자로 강약을 비교할 필요가 없으며, 그 성공과 실패의 결과가 전쟁이론의 상식을 벗어나 돈 한 푼 없고 병사 한 명 없는 민중만으로 백만의 군대와 억만의 자금을 지닌 제왕을 무너뜨리고 외적도 물리치나니, 그러므로 우리 혁명의 맨 첫걸음은 민중 각오의 요구다.

민중이 어떻게 각오하느냐?

민중은 신인神人이나 성인聖人이나 어떤 영웅호걸이 있어 "민중을 각오" 하도록 지도하는 데서 각오하는 것도 아니요, "민중아, 각오하자!", "민중이여, 각오하라!" 이런 절규에서 각오하는 것도 아니다.

오직 **민중이 민중을 위하여 일체 불평, 부자연, 불합리한 민중 향상의 장애물을 먼저 타파함이 곧 "민중을 각오하게" 하는 유일한 방법이니, 다시 말하면 곧 먼저 깨달은 민중이 민중 전체를 위하여 혁명의 선구자가 되는 것이 민중 각오의 첫걸음**이다.

일반 민중은 배고픔, 추위, 괴로움, 고통, 아내의 하소연, 아이의 울음, 세금의 독촉, 사채의 재촉, 행동의 부자유와 같은 모든 압박에 시달려, 살고자 하여도 살 수 없고 죽으려 하여도 죽을 바를 모르는 판이다.

이에 만일 그 압박의 주요 원인이자 강도정치의 실시자인 적들을 공격하고, 강도의 일체 시설을 파괴하여 혁명의 소식이 세계에 전파되고, 모든 이들이 동정의 눈물을 뿌리어 사람마다 "굶어 죽는 일" 이외에 되레 혁명이란 한길이 남아 있음을 깨달아, 용감한 이는 그 울분을 못 이겨, 약자는 그 고통을 못 견디어 모두 이 길로 모여들어 계속 나아가며, 온 나라가 하나 되어 대혁명을 이루면 간사하고, 교활하고, 잔인하고, 난폭한 강도 일본이 마침내 쫓겨 가는 날이라. 그러므로 우리 **민중을 불러일으켜 강도의**

통치를 타도하고 우리 민족의 새 생명을 개척하자면, 십만의 군대를 양성하는 것이 단 한 발의 폭탄만도 못하며, 몇만 장의 신문과 잡지가 단 한 번의 용맹한 폭동만도 못하다.

민중의 폭력적 혁명이 발생하지 않는다면 모르겠지만, 일단 발생한 이상에는 마치 벼랑 끝에서 굴리는 돌과 같아서 목적지에 도달하지 않으면 정지하지 않는다.

우리의 과거 역사로 말하면, 갑신정변은 특수 세력이 특수 세력과 싸우던 한때 궁중의 활극일 뿐이며, 경술국치 전후의 의병들은 충의와 애국으로 격렬히 일어난 양반들의 사상이며, 안중근과 이재명 같은 의사들의 폭력적 거사가 비록 열렬하였지만 그 바탕에 민중의 역량이 없었으며, 3·1 운동의 만세 소리에 하나 된 민중의 열기가 잠시 분출하였으나 또한 폭력이 중심을 이루지 못하였다. **"민중"과 "폭력" 둘 가운데 단 하나라도 빠지면 비록 엄청난 기세의 봉기라 할지라도 번갯불과 같이 사그라지는 것**이다.

조선 안에 강도 일본이 만든 혁명의 원인이 산같이 쌓였다. 언제든지 민중의 폭력적 혁명이 시작되어 **"독립을 하지 못하면 살지 않으리라!", "일본을 쫓아내지 못하면 물러서지 않으리라!" 하는 구호를 가지고 계속 전진하면 목적을 관철하고야 말 것이니, 이는 경찰의 칼이나 군대의 총이나 간사하고 교활한 정치가의 수단으로도 막지 못하리.**

혁명의 과정은 당연히 처절하고 장렬한 기록이 되리라. 그러나 물러서면 그 뒤에는 어두운 함정뿐이요, 나아가면 그 앞에는 밝은 활로가 열리니, 우리 조선 민족은 그 처절하고 장렬한 기록을 그리며 나아갈 뿐이다.

이제 폭력(암살, 파괴, 폭동)의 목적물을 대략 열거하건대,

1. 조선 총독 및 각 관리
2. 일본 천황 및 각 관리
3. 정탐노偵探奴와 매국적賣國賊
4. 적의 일체 시설물

이 밖에 각 지방의 벼슬아치나 부호가 비록 뚜렷하게 혁명적 운동을 방해한 죄가 없을지라도 만일 말이나 행동으로 우리의 운동을 비방하고 훼손하는 자는 우리의 폭력으로써 갚을지니라. **일본인 이주민들은 일본 강도정치의 손발이 되어 조선 민족의 생존을 위협하는 선봉이 되어 있으니 또한 우리의 폭력으로 몰아낼지니라.**

5

혁명의 길은 파괴부터 개척할지니라.

그러나 **파괴만 하려고 파괴하는 것이 아니라 건설하려고 파괴하는 것이니, 만일 건설할 줄 모르면 파괴할 줄도 모를 것이며, 파괴할 줄 모르면 건설할 줄도 모를지니라.** 건설과 파괴가 다만 형식적으로 보아 구별될 뿐이요 정신적으로는 파괴가 곧 건설이니, 이를테면 우리가 일본 폭력을 파괴하려는 것은,

제1은 이민족 통치를 파괴하자 함이다. 왜? "조선" 위에 "일본"이란 이민족이 군림하고 있으니, **이민족 전제정치 밑에 있는 조선은 고유의 조선이 아니니, 고유의 조선을 되찾기 위하여 이민족 통치를 파괴함**이니라.

제2는 특권계급을 파괴하자 함이다. 왜? "조선 민중" 위에 총독이니 무

어니 하는 강도단의 특권계급이 압박하고 있으니, **특권계급의 압박 밑에 있는 조선 민중은 자유로운 조선 민중이 아니니, 자유로운 조선 민중을 발현하기 위하여 특권계급을 타파함**이니라.

제3은 경제약탈제도를 파괴하자 함이다. 왜? 약탈 제도 밑에 있는 경제는 민중 자신이 생활하기 위하여 조직한 경제가 아니요, 곧 민중을 잡아먹으려는 강도의 살을 찌우기 위하여 조직한 경제니, **민중 생활의 발전을 위하여 경제약탈제도를 파괴함**이니라.

제4는 사회적 불균형을 파괴하자 함이다. 왜? 약자 위에 강자가 있고 천민 위에 귀족이 있어 모든 불균형을 가진 사회는 약탈, 착취, 질투, 멸시하는 사회가 되어, 처음에는 소수의 행복을 위하여 다수의 민중을 해치다가 나중에는 또 소수끼리 해치면서 민중 전체의 행복이 모두 사라지고 마는 것이니, **민중 전체의 행복을 증진하기 위하여 사회적 불평균을 파괴함**이니라.

제5는 노예적 문화사상을 파괴하자 함이다. 왜? 기존 문화사상의 종교, 윤리, 문학, 미술, 풍속, 습관 등은 모두 강자가 만들어 강자만을 옹호하던 것이 아니냐? 강자의 즐거움을 위하여 제공하던 도구들이 아니냐? 일반 민중을 노예로 만든 마취제가 아니냐? 소수 계급이 강자가 되고 다수 민중이 도리어 약자가 되어 불의의 압제에 저항하지 못함은 전적으로 노예적 문화사상의 속박 때문이다. 민중적 문화를 제창하여 그 속박의 쇠사슬을 끊지 않으면 일반 민중은 권리와 사상의 주장이 미약한 채로 자유 향상의 의지를 잃고 노예의 운명 속을 윤회할 뿐이다. 따라서 **민중문화를 제창하기 위하여 노예적 문화사상을 파괴함**이니라.

다시 말하면, **"고유적 조선의", "자유적 조선 민중의", "민중적 경제**

의", "민중적 사회의", "민중적 문화의" 조선을 건설하기 위하여 "이민족 통치의", "약탈 제도의", "사회적 불평균의", "노예적 문화사상의" 현상을 타파함이니라.

그리하여 파괴적 정신이 곧 건설적 주장이다. **나아가면 파괴의 "칼"이 되고 들어오면 건설의 "깃발"이 될지니, 파괴할 기백은 없고 건설하려는 치상癡想만 있다면 오백 년이 지나도 혁명은 꿈도 꾸어보지 못할 것**이다.

이제 파괴와 건설이 하나며 둘이 아닌 줄을 알진대, 민중적 파괴 앞에는 반드시 민중적 건설이 있는 줄을 알진대, 오늘의 조선 민중은 오로지 민중적 폭력으로 새로운 조선 건설의 장애물인 강도 일본 세력을 파괴해야 함을 알진대, 조선 민중이 한편이 되고 일본 강도가 한편이 되어, 네가 망하지 아니하면 내가 망하게 된 "외나무다리 위"에 선 줄을 알진대, 우리 이천만 민중이 하나로 폭력 파괴의 길로 나아갈지니라.

민중은 우리 혁명의 대본영이다.
폭력은 우리 혁명의 유일 무기다.
우리는 민중 속으로 가서 민중과 손을 잡고
끊임없는 폭력(암살, 파괴, 폭동)으로써
강도 일본의 통치를 타도하고,
우리 생활에 불합리한 일체 제도를 개조하여
인류가 인류를 압박하지 못하며
사회가 사회를 수탈하지 못하는
이상적 조선을 건설할지니라.

4256년 1월 일

의열단

조선혁명선언 강독

朝鮮革命宣言

1장

원문1 强盜 日本이 우리의 國號를 없이 하며, 우리의 政權을 빼앗으며, 우리의 生存的 必要條件을 다 剝奪하엿다.

번역문 강도 일본이 우리 국호를 없이 하며, 우리의 정권을 빼앗으며, 우리 생존의 필요조건을 모두 박탈하였다.

해설 조선혁명선언을 읽는 가장 큰 감동은 일본이란 국호를 사용할 때마다 반드시 "강도"라는 단어를 전제하고 있다는 것으로부터 시작한다. 당시 이미 완고하게 고착되어 버린 '내선일체'나 '황국 신민' 같은 단어에 정면으로 맞서면서 일제를 남의 나라를 강점한 '강도 국가'로 규정한다. 이는 이 글을 읽기 시작하는 이로 하여금 누가 적군이고 누가 아군인가를 확실히 인식하는 동시에, 글을 읽는 자세와 마음가짐을 일깨워 피를 끓게 하는 원동력으로 작용하고 있다.

원문2 經濟의 生命인 山林·川澤·鐵道·鑛山·漁場…… 乃至 小工業 原料까지 다 빼앗어, 一切의 生産 機能을 칼로 버이며, 독기로 끊고,

번역문 경제의 생명인 산림, 강과 저수지, 철도, 광산, 어장 내지는 수공업 원료까지 다 빼앗아 일체 생산 기능을 칼로 베며, 도끼로 끊고,

해설 일제 식민 지배의 가장 큰 목적은 무엇보다도 '대동아공영大東亞共榮'이라는 원대한 목표를 달성하기 위한 경제적 수탈이었다. 우리나라의 산림, 강과 저수지, 철도, 광산, 어장 등은 물론 가내 수공업의 기본 경제까지 악랄하게 수탈하는 장면을 묘사하였다.

낱말 풀이
- 천택川澤: 하천과 저수지.
- 버이며: 베며.
- 독기: 도끼.

원문3 土地稅·家屋稅·人口稅·家畜稅·百一稅·地方稅·酒草稅·肥料稅·種子稅·營業稅·淸潔稅·所得稅…… 其他 各種 雜稅가 逐日 增加하야, 血液은 있는 대로 다 빨아가고,

번역문 토지세, 가옥세, 인구세, 가축세, 백일세, 지방세, 주초세, 비료세, 종자세, 영업세, 청결세, 소득세 등등 기타 각종 잡세가 날로 증가하여 혈액을 있는 대로 다 빨아가고,

해설 일제의 수탈은 가혹한 세금의 증가로 더욱 구체화한다. 대표적인 것으로, 1910년 9월 임시토지조사국을 설치하고 1912년 토지조사령을 공포하여 막대한 토지세를 강제로 거두었다. 이 토지조사는 토지주의 자발적인 신고가 원칙이었으나 이를 잘 이해하지 못한 미신고자가 많았으며, 우리나라 전통적 특성에 의한 공동경작지나 황무지, 미개간지가 많았는데, 이는 모두 국유지로 처리했다. 이를 동양척식주식회사나 일본인에게 헐값에 팔아넘김으로써 우리 농민들의 몰락이 가속화되었다.

낱말 풀이
- 백일세百一稅: 1909년 10월에 일제가 신설한 시장세市場稅로 오늘날 영업세의 일종이다. 전체 거래액의 1%를 징수하여 백일세라고 불렀다.
- 주초세酒草稅: 술과 담배에 매긴 세금.

원문4 如干 商業家들은 日本의 製造品을 朝鮮人에게 媒介하는 中間人이 되야 차차 資本集中의 原則下에 滅亡할 뿐이오.

번역문 어지간한 상인들은 일본 제조품만을 조선인에게 매개하는 중간상이 되어 차차 자본집중의 원칙으로 망해갈 뿐이오.

해설 상업이란 서로의 생산품을 사고파는 교역이 원칙이다. 그러나 일본에서 생산한 상품만을 국내로 들여와 일방적인 판매가 이루어지면서 우리 경제는 파탄에 이르고 일본 제품의 이익만 나날이 증가하고 있음을 설명한 글이다.

낱말 풀이 ▪여간如干: 어지간한.

원문5 大多數 人民 곳 一般農民들은 피땀을 흘니어 土地를 갈아, 그 終年所得으로 一身과 妻子의 糊口거리도 남기지 못하고 우리를 잡아 먹으랴는 日本 强盜에게 進供하야 그 살을 찌워주는 永世의 牛馬가 될 뿐이오.

번역문 인민의 대다수인 일반 농민들은 피땀 흘려 토지를 갈아 그 한 해 소득으로 일신과 처자의 호구거리도 남기지 못하고, 우리를 잡아먹으려는 일본 강도에게 갖다 바쳐 그 살을 찌워주는 영원한 소와 말이 될 뿐이오.

해설 설령 토지주라고 해도 이런저런 세금으로 대부분 수탈을 당하고, 일제의 기관이나 개인 소유의 소작을 부치는 농민들은 한 해 농사의 많은 부분을 소작료로 내야 했으므로 식구들 먹을 양식마저 부족했던 현실을 풍자한 것이다. 이미 상당수의 농민이 이전의 경작권마저 모두 빼앗기고 소작농으로 전락한 상태였다.

낱말 풀이 ▪흘니어: 흘려.

▪종년소득終年所得: 한 해 소득.

▪호구糊口: 입에 겨우 풀칠을 한다는 뜻.

원문6 乃終에는 그 牛馬의 生活도 못하게 日本 移民의 輸入이 年年 高度의 速率로 增加하야,『딸깍발이』등살에 우리 民族은 발 드딜 땅이 없어 山으로, 물로, 西間島로, 北間島로, 西比利亞의 荒野로 몰니어가 餓鬼부터 流鬼가 될 뿐이며.

번역문 나중에는 그 소와 말의 생활도 하지 못하게 일본인들의 이주만 해마다 높은 비율로 증가하여, "딸깍발이" 등쌀에 우리 민족은 발 디딜 땅도 없이 산으로, 물로, 서간도로, 북간도로, 시베리아 황야로 몰려다니다가 굶어 죽어 떠도는 귀신이 될 뿐이며.

해설 첫머리 글은 일제의 수탈로 인하여 일본인의 수입만 나날이 증가한다고 종종 잘못 번역되고 있는 문장이다. 올바른 번역은 일본인 이주민의 국내 유입이 해마다 급속히 늘어나 우리 국민의 삶이 나날이 힘겨워지고 있다고 해야 한다. 특혜로 수탈자의 입장이 된 일본인이 급격히 증가함에 따라 점차 삶터를 잃고 해외로 살길을 찾아 떠나는 민족 디아스포라의 참상을 표현하고 있다.

낱말 풀이
- 내종乃終: 나중.
- 수입輸入: 외국의 물건이나 문물 따위가 들어오는 것. 여기서는 지출의 반대말인 수입收入과 혼동하기 쉽다.
- 속률速率: 일정 시간에 증가하는 비율.
- 딸깍발이: 본래는 비가 오지 않는 날에도 신발이 없어 나막신을 신는다는 뜻으로 가난한 선비를 가리키는 말이지만, 여기서는 왜나막신이라고 하는 '게다[下駄]'를 신는 사람들, 즉 일본 사람을 가리킨다.
- 드딜: 디딜.

■ 서비리아西比利亞: 시베리아.
■ 몰니어가: 몰려가.
■ 아귀餓鬼: 배고픔에 시달리는 귀신.
■ 유귀流鬼: 떠돌아다니는 귀신.

원문7 强盜 日本이 憲兵政治·警察政治를 勵行하야 우리 民族이 寸步의 行動도 任意로 못하고, 言論·出版·結社·集會의 一切 自由가 없어 苦痛과 憤恨이 있으면 벙어리의 가슴이나 만질 뿐이오.

번역문 강도 일본이 헌병정치, 경찰정치를 강행하여 우리 민족이 한 치의 행동도 마음대로 하지 못하고, 언론, 출판, 결사結社, 집회의 일체 자유가 없어 고통과 회한이 있으면 그저 벙어리 가슴이나 만질 뿐이오.

해설 일제는 한반도 식민 지배 이후 무단통치를 감행하였다. 조선인에게는 집회, 결사, 언론, 출판의 자유가 보장되지 않는 폭압적인 통치가 이루어졌다. 최소한의 기본권도 인정하지 않음으로써 시위를 진압한다거나 언론을 검열하는 일을 최소화하려는 목적이었다. 일제 군국주의의 헌병정치는 군 내부의 경찰 기능뿐만 아니라 행정경찰, 사법경찰의 기능을 모두 담당했는데 이를 우리나라 식민 통치에도 그대로 적용했다.

낱말 풀이 ■ 여행勵行: 힘써 행함.

원문8 幸福과 自由의 世界에는 눈 뜬 소경이 되고, 子女가 나면 『日語를 國語라 日文을 國文이라』하는 奴隸養成所一學校로 보내고, 朝鮮 사람으로 或 朝鮮歷史를 읽게 된다 하면 『檀君을 誣하야 素盞嗚尊의 兄弟라』 하며, 『三韓時代 漢江 以南을 日本 領地』라 한 日本 놈들의

적은 대로 읽게 되며, 新聞이나 雜誌를 본다 하면 强盜政治를 讚美하는 半日本化한 奴隷的 文字뿐이며,

번역문 행복과 자유의 세계에는 눈뜬 소경이 되고, 자녀를 낳으면 "일어를 국어라, 일문을 국문이라 가르치는" 노예양성소 학교로 보내고, 조선 사람으로 혹 조선 역사를 읽게 되면 터무니없이 "단군을 소잔오존의 형제"라 하며, "삼한시대 한강 이남을 일본 영지"라고 일본 놈들이 적은 대로 읽게 하며, 신문이나 잡지를 본다면 강도정치를 찬양하는 일본화된 노예적 문자뿐이며,

해설 나라를 빼앗겼으니 자연 일본어가 국어가 되고 일본 문장이 국문이 되었다. 특히 이때 일제는 명치유신明治維新[35] 이후 일본 정치가나 역사가들에 의해 만들어진 왜곡된 역사를 공공연히 학교에서 가르치기 시작했다.

그중 하나가 우리 민족의 시조인 단군을 일본 건국 신화의 등장인물인 소잔오존(스사노오노 미코토)의 동생이라고 주장하는 것이었다. 이는 단군이 곧 소잔오존이라는 주장, 또는 소잔오존의 아들이라는 주장까지 매우 다양한 형태로 나타난다.

또 하나는 4세기에서 6세기 사이에 일본 야마토 정권이 한반도 남부를 점령해 식민지로 지배했다고 하는 이른바 임나일본부설任那日本府說이다. 이 임나일본부설은 일찍이 1892년 임태보林泰輔(1854-1922,

35 1868년, 700년 동안 이어진 막부정치를 무너뜨리고 천황을 중심으로 하는 중앙 집권 체제를 바탕으로 근대화를 시작하는 계기가 된 일본의 변혁운동이다. 이로부터 일본 제국주의가 탄생하여 이웃 나라인 우리나라에 막대한 피해를 주었다.

하야시 다이스케)가 쓴 『조선사朝鮮史』에서 일선동조론日鮮同祖論과 임나일본부설을 정립하면서 공식적으로 노골화되었다.

최근 한국 대통령이 일본 경응대학慶應大學(게이오대학)을 방문하여 연설할 때 언급했던 강창천심岡倉天心(1863-1913, 오카쿠라 덴신) 역시 "조선의 단군은 일본 천조대신天照大神의 동생 소잔오존의 아들"이라고 했으며, "일본 14대 천황 신공 황후가 삼한을 정벌하여 지배했으므로 일본이 조선을 식민지로 삼는 것은 침략이 아니라 역사적 원상회복"이라고 그의 저서[36]에서 주장했던 인물이다.

낱말 풀이 ▪무誣하야: 무고하여. 속여.

원문9 똑똑한 子弟가 난다 하면 環境의 壓迫에서 厭世絶望의 墮落者가 되거나, 그렇지 않으면 『陰謀事件』의 名稱下에 監獄에 拘留되야 周牢·枷鎖·단금질·챗직질·電氣질·바늘로 손톱 밑 발톱 밑을 쑤시는, 手足을 달아매는, 코구멍에 물 붓는, 生殖器에 심지를 박는 모든 惡刑, 곳 野蠻 專制國의 刑律 辭典에도 없는 가진 惡刑을 다 당하고, 죽거나 僥倖히 살아서 獄門에 나온대야 終身不具의 廢疾者가 될 뿐이라.

번역문 똑똑한 자제가 난다 해도 환경의 압박에서 염세주의 절망의 타락자가 되거나, 그렇지 않으면 "음모 사건"이란 이름 아래 감옥에 구속되어 주리 틀기, 칼 씌우기, 족쇄 채우기, 담금질, 채찍질, 전기 고문, 바늘로 손톱 발톱 쑤시기, 수족 달아매기, 콧구멍 물 붓기, 생식기에 심지 박기 같은 악형, 곧 야만 전제국가의 법률 사전에도 없는 온갖

36 『일본의 각성』(1904).

악형을 다 당하고 죽거나, 요행히 살아서 감옥을 나온대도 평생 불구의 폐인이 될 뿐이라.

해설 똑똑한 자제란 곧 애국지사를 의미한다. 명석한 사람일수록 식민지의 불우한 처지를 비관하여 타락한 생활을 하기가 일쑤였고, 툭하면 '치안유지법' 같은 악법을 동원하여 감옥에 가두거나 온갖 구실로 조작 사건을 만들어 고문과 형벌을 가했다. 일제 헌병정치 시절 조선인에게 가한 악행은 원문에 열거했듯 차마 눈 뜨고 볼 수 없이 잔혹했다. 이 글에서 말한 '음모 사건'의 대표적인 예로는 1911년 있었던 사내정의寺內正毅(데라우치 마사타케) 총독 암살 미수 사건이 있다. 일명 '105인 사건'이라고 한다.

낱말 풀이
- 주뢰周牢: 주리의 원말이다. 죄인을 심문할 때 두 다리를 묶고 사이에 막대기 두 개를 끼워 양쪽으로 어긋나게 비트는 고문이다.
- 가쇄枷鎖: 가枷는 죄인의 목에 씌우는 칼을 의미하고, 쇄鎖는 발목에 채우는 쇠사슬을 가리킨다.
- 챗직질: 채찍질.
- 전제국專制國: 전제정치를 하는 나라.

원문10 그렇지 않을지라도 發明 創作의 本能은 生活의 困難에서 斷絶하며, 進取 活潑의 氣象은 境遇의 壓迫에서 消滅되야 『찍도 짹도』 못하게 各 方面의 束縛·鞭笞·驅迫·壓制를 받아 環海 三千里가 一個의 大監獄이 되야 우리 民族은 아조 人類의 自覺을 잃을 뿐 아니라 곳 自動的 本能까지 잃어 奴隷부터 機械가 되야 强盜 手中의 使用品이 되고 말 뿐이며.

번역문 그렇지 않아도 발명과 창작의 본능은 생활의 곤란으로 단절되었으며, 진취적인 활발한 기상은 모든 압박으로 인해 소멸하고, "찍도 짹도" 못 하게 각 방면의 속박, 매질, 구박, 압제를 받아 나라 삼천리가 하나의 커다란 감옥이 되어 우리 민족은 아주 세세한 인류의 자각마저 다 잃었을 뿐 아니라, 곧 자동적 본능까지 잃고 노예와 기계가 되어 강도들의 이용품이 되고 말 뿐이며.

해설 발명이나 창작 같은 활동은 인류 문명의 발전 과정에서 나오는 자연스러운 지식 산업의 산물이다. 그러나 정치 경제와 문화적인 속박하의 굶주린 상태에서는 이러한 지식적인 활동이 원만히 이루어질 수 없었다. 더욱 온갖 구실로 압제와 구속이 횡행하는 가운데 인간의 기본적인 최소한의 권리나 존엄마저 상실한 상태였기 때문에 나라 전체가 하나의 커다란 감옥과 같다고 표현한 것이며, 다만 모든 국민이 일제의 노예가 되어 기계처럼 움직이고 있는 것이 당시의 참상이었다.

낱말 풀이
- 편태鞭笞: 죄인에게 태형笞刑을 가할 때 쓰는 채찍이나 곤장.
- 구박驅迫: 못 견디게 괴롭힘.
- 환해環海: 사방을 둘러싼 바다. 여기서는 삼면이 바다인 우리나라를 가리킨다.
- 아조: 아주.

원문11 強盜 日本이 우리의 生命을 草芥로 보아 乙巳 以後 十三道의 義兵나던 各 地方에서 日本軍隊의 行한 暴行도 이로 다 적을 수 없거니와, 卽 最近 三一運動 以後 水原·宣川…… 等의 國內 各地부터 北間島·西間島·露領 沿海州 各處까지 到處에 居民을 屠戮한다, 村

落을 燒火한다, 財産을 掠奪한다, 婦女를 汚辱한다, 목을 끊는다, 산채로 뭇는다, 불에 살은다, 或 一身을 두 동가리 세 동가리에 내여 죽인다, 兒童을 惡刑한다, 婦女의 生殖器를 破壞한다 하야 할 수 있는 대까지 慘酷한 手段을 쓰어서 恐怖와 戰慄로 우리 民族을 壓迫하야 人間의 『산송장』을 맨들랴 하는도다.

번역문 강도 일본이 우리의 생명을 하찮게 여겨 을사 이후 13도 의병이 일어나던 각 지방에서 일본군이 자행한 폭력을 이루 다 적을 수 없거니와, 최근 3·1운동 이후 수원, 선천 등의 국내 각지부터 북간도, 서간도, 노령 연해주까지 각처에서 주민을 살육한다, 촌락을 태운다, 재산을 약탈한다, 부녀를 겁탈한다, 목을 끊는다, 산 채로 묻는다, 불에 사른다, 혹 신체를 두 토막 세 토막 내어 죽인다, 아이를 형벌한다, 여인의 생식기를 파괴한다고 하는, 할 수 있는 데까지 모든 참혹한 수단을 써서 공포와 전율로 우리 민족을 압박하여 인간을 "산송장"으로 만들려 한다.

해설 1905년 을사늑약이 일어나자 전국 각지에서 의병이 일어나 일제의 침략에 저항하였으나 일제는 이를 무력으로 진압하고 수많은 생명을 무참히 살해하였다.

3·1운동의 수원 학살은 1919년 4월 15일과 16일 경기도 화성시 향남읍 제암리에서 유전준부有田俊夫(아리타 도시오) 일본 헌병 중위의 주도 아래 일어난 양민 학살을 말한다. 이틀간 제암리 교회에서 23명, 고주리에서 6명이 희생당했다.

평안북도 선천군에서는 3월 4일 일본 헌병이 시위대를 향해 발포하여 30여 명이 숨지고 수십 명이 부상했다. 이때 체포된 인원도 300여

명이 넘었다고 한다.

해외 사건으로 거론한 북간도, 서간도, 연해주의 학살은 우리가 '간도참변'과 '4월참변'[37]으로 부르는 양민 학살을 말한다. 3·1운동 이후 일제는 중국 군벌과의 협상을 통하여 만주 일대 독립군에 대한 대대적인 토벌을 진행한다. 1920년 10월 중국인을 매수하여 훈춘사건을 조작한 뒤에 이를 빌미로 만주로 입성하였다.

봉오동 전투와 청산리 전투에서 이미 독립군에 대패한 일본군은 이에 대한 보복으로 한국인에 대한 거의 무차별적인 살육을 저지른다. 대부분의 한인 마을은 모두 불에 탔으며 한국인은 남녀노소 할 것 없이 보이는 대로 잔인하게 살해당했다. 몇 달에 걸친 이 '간도참변'에 희생된 사망자만 4천여 명에 이르는데, 확인되지 않은 사망자 수가 대략 수만 명에 이를 것으로 예측한다.

낱말 풀이 ▪노령露領: 노령은 특정한 지명이 아니라 러시아 영토라는 뜻이다. 마찬가지로 중국 영토를 중령中領이라 부른다.

▪뭇는다: 묻는다.

▪살은다: 사른다.

▪맨들랴: 만들려.

원문12 以上의 事實에 據하야 우리는 日本 强盜 政治 곳 異族 統治가 우

37 1920년 4월, 연해주 신한촌에서 일본군이 한국인을 대량 학살한 사건이다. '신한촌 사건', '신한촌 참변'이라고도 부른다. 연해주 독립운동의 전설적 영웅 최재형이 이때 순국하였다.

리 朝鮮民族 生存의 敵임을 宣言하는 同時에 우리는 革命手段으로 우리 生存의 敵인 强盜 日本을 殺伐함이 곳 우리의 正當한 手段임을 宣言하노라.

번역문 이상의 사실에 근거하여 우리는 일본의 강도정치 곧 이민족 통치가 우리 조선 민족 생존의 적임을 선언하는 동시에, 우리는 혁명 수단으로 우리 생존의 적인 강도 일본을 살벌殺伐함이 곧 우리의 정당한 수단임을 선언하노라.

해설 신채호는 1장의 마지막 문장에서 반일본 제국주의 혁명의 근거와 목적, 그리고 정확한 혁명 방식에 대하여 예비 선전포고를 하고 있다. 독립운동, 혹은 대일 항전 등으로 표현하지 않고 굳이 혁명이란 표현을 사용한 까닭은 앞에서도 설명한 바 있으나, 이 대목에서 다시 한 번 그 의미를 환기할 필요가 있다.

낱말 풀이
- 거據하야: 근거하여.
- 살벌殺伐: 무력으로 공격하여 죽임.

2장

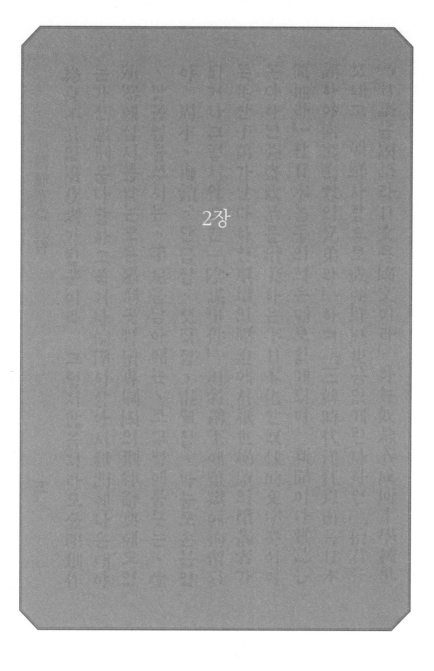

원문1 內政獨立이나 參政權이나 自治를 運動하는 者 - 누구이냐?

너희들이 『東洋平和』『韓國獨立保全』等을 擔保한 盟約이 墨도 말으지 아니하야 三千里 疆土를 집어먹던 歷史를 잊엇는냐?

번역문 내정 독립이나 참정권이나 자치를 운동하는 자가 누구냐?

너희들이 "동양 평화", "한국독립보전" 등을 담보한 약속이 먹도 마르지 않아 삼천리 강토를 집어먹던 역사를 잊었느냐?

해설 조선혁명선언 2장은 신채호가 주장한 '민중 직접혁명론'과 상충하는 주장 가운데 허울뿐이었던 '내정독립론', '자치론', '참정권론', '문화운동론' 등에 대한 비판으로 이루어진다. 3·1운동 이후 기존의 무단통치에 한계를 느낀 일제는 이른바 문화통치로 식민 전략을 수정하는데 그 중심에 내정 독립, 자치, 참정권 등이 있었다.

이들의 주요 골자는 "조선의 내정은 조선의 손으로 한다."는 것이었지만, 참정권의 경우 25세 이상 성인 남성 중 국세 5원 이상 납부자로 제한하면서 이 조건을 갖춘 사람들은 대부분 일제에 협조하는 친일파뿐이었다. 참정권을 부여받는 자가 일제의 목적에 맞게 미리 정해져 있는 얄팍한 속임수였다. 홍암弘巖 나철羅喆(1863-1916)과 함께 대종교를 창시했다가 친일로 변절해 간 정훈모鄭薰模는 40명의 서명을 받은 '내정독립 청원서'를 일본 국회에 제출하는 가식적인 모습을 연출하기도 한다.

'동양 평화'와 '한국독립보전' 등을 담보한 약속이란 1894년 청일전쟁 이후 일제가 앞장서서 한국의 독립을 승인한 것과, 1904년 러일전쟁 당시 '동양 평화'와 '한국독립보전'을 담보한다는 일본의 약속[38]을 믿고 전쟁에서 일본에 협력했던 과거의 굴욕을 상기시킨 것이다. 미국 대통령 루스벨트의 중재로 이루어진 러일강화회의에 한국은 참석마저 거부당했으며, 승전국 일제는 자신들의 약속을 헌신짝처럼 버린 것은 물론 곧바로 을사늑약을 통하여 한국의 주권을 빼앗아 갔다.[39]

낱말 풀이 ▪말으지: 마르지.

원문2 『朝鮮人民 生命 財産 自由 保護』『朝鮮人民 幸福 增進』等을 申明한 宣言이 땅에 떠러지지 아니하야 二千萬의 生命이 地獄에 빠지던 實際를 못 보느냐?

번역문 "조선 인민 생명 재산 자유 보호", "조선 인민 행복 증진" 등을 분명히 밝힌 선언이 땅에 떨어지지도 않아 2천만의 생명이 지옥에 빠지던 실제를 보지 못하였느냐?

해설 3·1운동 이후 일제는 식민 통치에 불만을 표출하는 한국인에 대한 선무공작에 열을 올렸다. 다음은 1922년 3월 7일자 〈동아일보〉 사설 「조선 인민의 행복 자유의사 존중」에서 일부 발췌한 것이다. 당시의 분위기를 잘 보여주는 기사다.

"조선 인민의 행복 증진이라는 것은 일본 정부가 조선 정치에 대하여 관용숙어慣用熟語가 될 뿐 아니라 병합 당시 내외를 향해 선언한 바이니, 말하자면 조선 인민의 행복 증진은 조선 정치의 골자가 되며 목적이 되고…."

-중략-

38 1904년 2월 23일, 강제 체결한 '한일의정서韓日議政書'의 약속을 말한다.
39 이 내용은 1919년 동경에서 발표했던 「2·8 독립선언」에 자세히 서술되어 있다.

"애당초 조선 정치는 일본 인민의 행복을 증진하는 것이 목적이라 하였으면 이론의 여지가 없거니와, 조선 인민의 행복 증진이라 선언하고 반대로 조선인에게 고통을 안겨 번민을 일으키게 하는 것은 그 관찰한 바가 착오가 아니면 사실의 모순이니 제군들은 다시 행복의 의미를 똑바로 깨닫기 바라노라."

낱말 풀이 ■신명申明한: 설명한. 공표한.

원문3 三一運動 以後에 强盜 日本이 또 우리의 獨立運動을 緩和식히랴고 宋秉畯·閔元植 等 一二 賣國奴를 식히어 이따위 狂論을 부름이니 이에 附和하는 者 - 盲人이 아니면 어찌 奸賊이 아니냐?

번역문 3·1운동 이후 강도 일본이 또 우리의 독립운동을 훼방하려고 송병준, 민원식 같은 매국노 한둘을 시켜 이따위 정신 나간 소리를 지껄임이니, 이에 부화뇌동하는 자 맹인이 아니면 어찌 간적奸賊이 아니더냐.

해설 1921년 2월에는 대표적인 친일파 민원식閔元植(1886-1921)이 동경의 한 호텔에서 28세의 독립운동가 양근환梁槿煥(1894-1950)에게 피살되는 사건이 발생했다. 친일 단체인 국민협회 회장인 민원식이 1만여 명의 서명을 받은 참정권 청원서를 의회에 제출하고 각계각층을 대상으로 활동한다는 정보를 입수하고 그를 응징한 것이다.

일진회장 송병준宋秉畯(1857-1925)은 을사늑약 10여 일 전에 이용구와 함께 외교권을 일본에 넘길 것을 제청하는 '일진회선언서'를 발표할 만큼 뼛속까지 친일파였다. 헤이그 밀사 사건 직후 농상공부대신으로 있으면서 고종황제의 퇴위를 강요했던 정미칠적이기도 하다. 이른바 '한일연방안韓日聯邦案'을 주창하고 다녔는데, 일본 총리 계태랑桂太郎(가쓰라 다로)[40]에게 조선을 1억 엔円에 팔겠다고 흥정했다는 인물이다.

송병준은 이러한 친일 행위로 일찍이 1908년 신채호가 쓴 「일본의 삼대충노」의 한 사람으로 신랄한 비판을 받았다. 아마도 내정 독립이나 참정권 문제로 이 무렵 수없이 신문 지면에 오르내리는 송병준의 기사를 신채호가 읽었던 듯싶다.

낱말 풀이 ▪완화緩和식히랴고: 완화하려고.

▪일이一二: 한둘.

▪식히어: 시켜.

▪간적奸賊: 간사한 적.

원문4 設或 强盜 日本이 果然 寬大한 度量이 있어 慨然히 此等의 要求를 許諾한다 하자. 所謂 內政 獨立을 찾고 各種 利權을 찾지 못하면 朝鮮 民族은 一般의 餓鬼가 될 뿐이 아니냐?

번역문 설혹 강도 일본이 과연 관대한 도량이 있어 흔쾌히 이러한 요구를 허락한다고 하자. 소위 내정 독립만을 찾고 각종 이권을 찾지 못한다면 조선 민족은 저 굶어 죽은 귀신이 될 것 아니냐?

해설 신채호는 일제 식민 통치의 가장 심각한 참상이 경제적 착취라는 걸 누구보다 잘 알고 있었다. 물론 절대로 그런 일이 일어나지 않겠지만, '내정 독립'이나 '참정권'과 '자치'가 저들의 계략대로 형식적으로나마 실행이 된다고 해도, 소수 친일파를 제외한 대다수 국민이 모든 경제

40 미국의 필리핀 지배와 일본의 조선 지배를 교차 승인한 '가쓰라-태프트 밀약'의 주인공이다.

적 수탈에 허덕이며 겨우 생존하고 있는 현실을 직시해야 한다는 것이다.

낱말 풀이 ▪개연慨然히: 흔쾌히.

원문5 參政權을 獲得한다 하자. 自國의 無產階級의 血液까지 搾取하는 資本主義 强盜國의 植民地 人民이 되야 幾個 奴隸 代議士의 選出로 어찌 餓死의 禍를 救하겟느냐?

번역문 참정권을 획득한다고 하자. 자기 나라 무산계급의 혈액까지 착취하는 자본주의 강도 나라의 식민지 인민으로 몇몇 노예적인 대의원을 선출하여 어찌 굶어 죽는 비극에서 벗어날 수 있겠느냐?

해설 일제가 생색낸다는 참정권은 당연히 형식에 불과한 참정이었다. 각 도의 평의회와 부·군·면 협의회의 들러리가 고작이었고, 조선총독부와 그 산하 몇몇 행정기관의 자문위원 같은 직책이었는데, 그나마도 아무런 권한이 없었다. 다시 말하자면 일제에 빌붙은 자들의 허울 좋은 감투에 불과한 직책뿐이었다.

일본이 자국에서도 자본주의 정책을 극대화하여 국민의 노동력을 착취하고 있는데 노예로 취급하는 식민지 한국인들에게 그런 형식적인 몇몇 거수기 정치인을 선출한다 해서 국민의 배고픔이 해결될 수 없다는 사실을 확인하고 있다.

낱말 풀이 ▪착취搾取: 노동의 대가를 지급하지 않고 부당하게 빼앗는 일.
▪기개幾個: 몇 개. 여기서는 몇 사람.
▪대의사代議士: 의원 또는 대의원의 일본 말.

원문6 自治를 얻는다 하자. 그 何種의 自治임을 勿問하고 日本이 그 强盜的 侵略主義의 招牌인 『帝國』이란 名稱이 存在한 以上에는 그 附屬下에 있는 朝鮮人民이 어찌 區區한 自治의 虛名으로써 民族的 生存을 維持하겟느냐?

번역문 자치를 얻는다고 하자. 그 어떤 종류의 자치임을 묻지 않더라도 일본이 저 강도 같은 침략주의 간판인 "제국"이란 명칭을 버리지 않는 한, 그 부속에 불과한 조선 인민이 어찌 자질구레한 자치의 이름으로 민족의 생존을 유지하겠느냐?

해설 마치 한국인이 자치권을 얻은 것처럼 보인다 해도, 또는 그 자치의 형태가 어떤 양상을 띠는가는 뒤로하더라도, 일제가 이미 식민지를 착취하는 제국주의라는 본질을 버리지 않는 한 그 식민지 국민이 부여받는 자치란 것도 허명에 불과한 것이며, 그런 방식으로는 자주적 민족국가로 살 수 없기에 모두 공염불에 불과하다는 사실을 천명하고 있다.

낱말 풀이
- 물문勿問: 묻지 않음.
- 초패招牌: 간판. 얼굴. 포스터.
- 구구區區한: 자질구레한. 떳떳하지 못하고 졸렬한.

원문7 設或 强盜 日本이 突然히 佛菩薩이 되야 一朝에 總督府를 撤廢하고 各種 利權을 다 우리에게 還付하며 內政 外交를 다 우리의 自由에 맏기고, 日本의 軍隊와 警察을 一時에 撤還하며 日本의 移住民을 一時에 召還하고 다만 虛名의 宗主權만 갓인다 할지라도, 우리가 萬一 過去의 記憶이 全滅하지 아니하얏다 하면 日本을 宗主國으로 奉戴한다 함이 『恥辱』이란 名詞를 아는 人類로는 못할지니라.

번역문 설혹 강도 일본이 돌연 불보살이 되어 하루아침에 총독부를 철폐하고 각종 이권을 다 우리에게 돌려주고, 내정과 외교를 다 우리의 자유에 맡기고 일본의 군대와 경찰을 일시에 철수하며, 일본 이주민을 일시에 불러들이고 다만 허명의 종주권만 갖겠다 하더라도, 우리가 만약 과거의 기억을 전부 지우지 못한다면 일본을 종주국으로 섬긴다는 것이 "치욕"이란 글자를 아는 사람으로서는 못 할 짓이니라.

해설 이 대목에서는 신채호의 자주성이 빛을 발하는 문장이다. 예를 들어 일제가 총독부도 폐지하고 우리에게 빼앗은 정치 경제 등의 일체 권한을 돌려주고 군대와 경찰은 물론 일본 이주민까지 모두 철수시킨다고 하더라도, 일본이 우리 민족의 종주국이란 사실 하나만으로도 결코 우리의 혁명을 포기할 수 없다는 결연한 의지를 보여주고 있다. 이민족인 일본의 종속국으로 산다는 것은 그 자체로 참을 수 없는 '치욕'이기 때문에 절대 받아들일 수 없다는 뜻이다.

낱말 풀이
- 불보살佛菩薩: 부처와 보살. 그만큼 자비롭고 어진 사람.
- 일조一朝에: 하루아침에.
- 갖인다: 갖는다.
- 아니하얏다: 아니하였다.
- 봉대奉戴: 공경하여 받듦.

원문8 日本 强盜 政治下에서 文化運動을 부르는 者 - 누구이냐? 文化는 産業과 文物의 發達한 總積을 가르치는 名詞니, 經濟 掠奪의 制度下에서 生存權이 剝奪된 民族은 그 種族의 保全도 疑問이거든 하믈며 文化 發展의 可能이 있으랴?

번역문 일본 강도정치 아래서 문화운동을 부르는 자는 누구냐? 문화는 산업과 문물의 발달한 전체를 가리키는 말이니, 경제 약탈의 제도 아래서 생존권이 박탈된 민족은 "그 종족의 보전"도 의문이거든 하물며 문화 발전의 가능성이 있으랴?

해설 3·1운동 이후 이른바 문화통치를 표방한 일제가 1920년 〈조선일보〉와 〈동아일보〉 같은 신문 창간을 허용하자, 더불어 『개벽』, 『신천지』, 『조선지광』, 『백조』 같은 잡지의 창간이 연속적으로 이어진다. 심지어 최초의 사회주의 성향의 잡지 『신생활』도 창간되었다. 문화통치를 한다는 구실 아래 신문과 잡지를 허용하긴 했으나 오히려 이때부터 일제의 언론 검열과 탄압이 극심해지는 역효과도 나타났다.

특히 이 무렵, 한때 상해임시정부의 핵심이었던 춘원 이광수가 1922년 5월 월간 『개벽』에 「민족개조론」을 발표하면서 마침내 친일의 길로 행로를 바꾸었다. 우리 민족은 본래 열등한 민족성을 지녔기 때문에 오직 선진사회인 일본을 본받아 전폭적인 민족개조운동을 해야 한다는 것이다. 제국 자본의 경제 약탈 아래 모든 것이 거덜이 난 마당에 문화운동이니 민족 개조니 하는 행태에 대한 신채호의 분노는 매우 컸다.

낱말 풀이 ▪총적總積: 모두를 합친 것.

▪하믈며: 하물며.

원문9 衰亡한 印度族·猶太族도 文化가 있다 하지만 一은 金錢의 力으로 그 祖先의 宗教的 遺業을 繼續함이며, 一은 그 土地의 廣과 人口의 衆으로 上古의 自由 發達한 餘澤을 保守함이니, 어대 蚊蝱같이 豺狼같이 人血을 빨다가 骨髓까지 깨무는 強盜 日本의 입에 물닌 朝

鮮 같은 대서 文化를 發展 或 保存한 前例가 있던냐?

번역문 쇠망한 인도인이나 유대인에게도 문화가 있다지만, 하나는 자본의 힘으로 그 선조의 종교적 유업을 계승해 가는 것이며, 하나는 그 국토의 넓음과 인구의 많음으로 과거에 자유로이 발달했던 혜택을 지키고 보존함이니, 어디 모기나 등에처럼, 승냥이나 이리처럼 사람의 피를 빨다가 골수까지 깨무는 강도 일본의 입에 물린 조선 같은 데서 문화가 발전하거나 보존한 전례가 있더냐?

해설 영국의 식민지가 된 인도는 국토가 워낙 넓고 인구 또한 매우 많기에 모든 국면에서 영국의 지배를 받는 것이 아니라, 인류 문명의 시원부터 흘러온 유구한 역사와 전통을 어느 정도 유지하고 있었다. 나라를 잃고 떠도는 유대인들 역시 세계 각처에서 특유의 상업성을 발휘하여 경제적으로 성공함과 동시에 지식 산업을 축약한 응집력으로 모국의 유대교를 힘겹게 지켜가고 있었다.

그러나 가장 악랄한 방법으로 한국의 모든 것을 수탈하고 있는 일제 치하에서는 결코 문화의 힘으로 지켜낼 수 있는 게 아무것도 없다고 단언하고 있다.

낱말 풀이
- 인도족印度族: 인도인.
- 유태족猶太族: 유대인.
- 여택餘澤: 끼치고 남은 혜택.
- 문맹蚊蝱: 모기와 등에.
- 시랑豺狼: 승냥이와 이리.
- 물닌: 물린.
- 있던냐: 있더냐.

원문10 檢閱, 押收 모든 壓迫 中에 幾個 新聞雜誌를 갖이고 『文化運動』의 木鐸으로 自鳴하며 强盜의 脾胃에 거슬이지 아니할 만한 言論이나 主唱하야 이것을 文化發展의 過程으로 본다 하면, 그 文化發展이 돌이어 朝鮮의 不幸인가 하노라.

번역문 검열과 압수 같은 일체 압박 속에서 고작 몇몇 신문잡지를 가지고 "문화운동"의 목탁이라 떠벌리며, 강도의 기분에 거스르지 아니할 만한 언론이나 주창하고 그것을 문화 발전의 과정으로 본다면, 그런 문화 발전은 도리어 조선의 불행인가 하노라.

해설 일제의 검열이나 압수에 타협하고 그들의 눈치를 보고 비위를 맞추면서 몇몇 신문이나 잡지를 운영하는 것으로 문화운동이나 문화 발전의 과정이라 생각한다면 이는 오히려 한국 독립운동의 방해물이 될 뿐이라는 경고를 하고 있다.

낱말 풀이
- 갖이고: 가지고.
- 거슬이지: 거스르지.
- 돌이어: 도리어.

원문11 以上의 理由에 據하야 우리는 우리의 生存의 敵인 强盜 日本과 妥協하랴는 者(內政獨立·自治·參政權 等 論者)나 强盜 政治下에서 寄生하랴는 主義를 갖인 者(文化運動者)나 다 우리의 敵임을 宣言하노라.

번역문 이상의 이유에 근거하여 우리는 우리 생존의 적인 강도 일본과 타협하려는 자(내정 독립, 자치, 참정권론자)나 강도정치 아래 기생하려는 주의를 가진 자(문화운동론자)나 모두 우리의 적임을 선언하노라.

해설 내정독립론자, 자치론자, 참정권론자, 문화운동론자 등은 일제와 타협하고 일제의 식민 통치에 기생하려는 것이므로 모두 혁명의 적으로 규정하였다.

3장

원문1 强盜 日本의 驅逐을 主張하는 가운대 또 如左한 論者들이 있으니.

第一은 外交論이니, 李朝 五百年 文弱政治가 『外交』로써 護國의 長策을 삼아 더욱 그 末世에 尤甚하야 甲申 以來 維新黨·守舊黨의 盛衰가 거의 外援의 有無에서 判決되며,

번역문 강도 일본을 쫓아내는 일에 또 다음과 같은 주장이 있으니,

제1은 외교론이다. 조선왕조 오백 년 문약정치文弱政治가 "외교"만을 국방의 최우선으로 삼고 그 말기에 더욱 심하여, 갑신정변 이래 유신당과 수구당의 성패가 매번 외국의 도움이 있고 없음으로 결정이 났다.

해설 조선혁명선언 3장은 독립운동 방법론 가운데 '외교론'과 '준비론'에 대한 비판이다. 물론 이 외교론의 주요 비판 대상은 미국 대통령 우드로 윌슨Woodrow Wilson(1856-1924)에게 위임통치를 청원했던 이승만李承晩(1875-1965)과 정한경鄭翰景(1891-?) 등을 주요 목표로 하고 있다.

우선 첫머리에는 조선왕조가 스러져 가는 19세기 후반의 상황을 설명하면서 과거 우리 역사에서 위정자들이 외교라는 명분 아래 외국의 지원에 의존했던 사례를 소개하고 있다. 일본의 지원을 받은 급진개화파(유신당)와 청나라를 배후로 하는 온건파(수구당)가 충돌했던 1884년의 갑신정변은 결국 천진조약을 통해 한반도를 청일 양국의 각축장으로 만들어 버렸다. 이후 조선의 국내 정치는 특정한 외국의 지원을 받는 세력이 권력을 장악하는 상황이 반복되었다.

낱말 풀이
- 구축驅逐: 쫓아 몰아냄.
- 여좌如左: 본래 '왼쪽과 같이'라는 뜻인데, 1923년 발표 당시 조선혁명선언이 오른쪽에서 왼쪽으로 읽는 소책자로 만들어졌기

에 그렇게 표현한 것이다.

■ 문약정치文弱政治: 문신을 우대하고 무신을 홀대하는 군사적으로 나약한 정치.

■ 장책長策: 가장 훌륭한 방책.

■ 우심尤甚: 정도가 점점 심해짐.

■ 갑신甲申: 여기서는 갑신정변을 말한다.

■ 유신당維新黨: 일본의 후원을 받는 개화파. 주요 인물은 김옥균, 홍영식, 박영효, 서광범, 서재필 등이다.

■ 수구당守舊黨: 청나라와 가까웠던 온건파. 주요 인물은 김홍집, 어윤중, 김윤식, 민영익 등이다.

■ 외원外援: 외부로부터의 지원.

원문2 爲政者의 政策은 오직 甲國을 引하야 乙國을 制함에 不過하얏고, 그 依賴의 習性이 一般 政治 社會에 傳染되야, 卽 甲午 甲辰 兩 戰役에 日本이 累十万의 生命과 累億万의 財産을 犧牲하야 淸露 兩國을 물니고 朝鮮에 對하야 强盜的 侵略主義를 貫徹하랴 하는데,

번역문 위정자의 정책은 오직 이 나라를 끌어들여 저 나라를 견제하는 방법 이외에 선택의 여지가 없었고, 그 의존의 습성이 결국 일반 정치 사회에 전염되었다. 즉 청일전쟁과 러일전쟁에서 일본이 수십만의 생명과 수억만의 재산을 희생하여 두 나라를 물리치고 조선에 대하여 강도 같은 침략주의를 관철하려 하는데,

해설 19세기 후반의 개화기 한반도는 세계열강들이 다투어 몰려드는 혼란의 무대였다. 과거의 종주권을 지키려는 청나라와 새롭게 한국을 보호

국으로 삼으려는 일본을 비롯하여 미국과 러시아까지 참견을 시작하였다. 그러나 조선의 조정은 각각 자신들이 결탁한 외국을 끌어들여 정적을 물리치고 정권을 잡는다거나, 또는 반대편 세력을 지원하는 국가를 견제하기 위해 또 다른 외국을 끌어들이는 무기력한 대외 의존 정책으로 일관한다.

이러한 전개 과정에서 결국 최후의 승자는 일본이었다. 1894년의 청일전쟁, 1904년의 러일전쟁을 모두 승리하면서 마침내 조선은 일본의 손아귀에 들어가고 말았다.

낱말 풀이 ▪의뢰依賴: 남을 의지함.

▪갑오甲午: 갑오년(1894년), 여기서는 청일전쟁을 가리킨다.

▪갑진甲辰: 갑진년(1904년), 여기서는 러일전쟁을 가리킨다.

▪전역戰役: 전쟁의 일본 말.

▪누십만累十万: 수십만.

▪누억만累億万: 수억만.

▪물니고: 물리치고.

원문3 우리 朝鮮의 『祖國을 사랑한다, 民族을 건지랴 한다』 하는 이들은 一劍一彈으로 昏庸貪暴한 官吏나 國賊에게 던지지 못하고 公函이나 列國 公館에 던지며, 長書나 日本 政府에 보내야 國勢의 孤弱을 哀訴하야 國家存亡·民族死活의 大問題를 外國人·甚至於 敵國人의 處分으로 決定하기만 기다리엇도다.

번역문 우리 조선의 "조국을 사랑한다, 민족을 건지려 한다." 하는 이들은 칼 한 자루 총탄 한 발을 우매하고 탐욕스럽고 난폭한 관리나 나라의 도적에게 던지지 못하고, 외교문서나 여러 나라 공관에 보내며, 더욱 긴 편지를 일본 정부에 보내 나라 형편의 어려움을 하소연하여 국가 존망, 민족 사활의 중대한 문제를 외국인, 심지어 적국의 인사들이 처분하고 결정하기만을 기다렸다.

해설 물론 을사늑약이 이루어지고 경술국치로 나라가 망하는 동안 우리 애국지사와 국민의 격렬한 저항이 없었던 것은 결코 아니다. 수많은 국민이 의병이 되어 싸웠고, 신민회와 같은 대규모 비밀조직을 결성하여 일제의 침탈에 맞섰다.

그러나 1904년 2월 친일파 이지용李址鎔(1870-1928)과 일본 특명전권공사 임권조林權助(1860-1939, 하야시 곤스케)가 일본이 한국의 영토를 자유롭게 사용할 수 있도록 허용하는 협정인 이른바 '한일의정서'를 맺는다거나, 을사늑약 직전에 일진회가 조선의 외교권을 일본에 넘길 것을 청원하는 '일진회선언서'를 발표하는 등 친일 매국 행위는 그보다 한층 더 극성을 부렸다. 신채호는 우국지사들이 이들을 응징하지 못한 것에 대한 분노를 표출하고 있다.

1907년에는 이상설李相卨(1870-1917), 이준李儁(1850-1907), 이위종李瑋鍾(1884-?) 등이 네덜란드 헤이그에 밀사로 파견되어 한국의 어려움과 독립을 호소했지만 뜻을 이루지 못하고, 오히려 고종황제의 퇴위와 일제 통감부의 합방 추진을 재촉하는 결과를 낳았다. 더욱 1909년에는 일진회장 이용구가 1백만 명의 일진회원이 서명한 '한일합방 청원서'를 일본 천황에게 바치는 비극적인 참상이 벌어진다. 유례없이 치욕스러운 역사지만 잊지 말자는 의미에서 일부만 옮겨본다.

"우리 대일본 천황께옵서 지극하신 인덕과 하늘과 같은 넓으심으로 보위를 무한에 세워 일한 합방을 창설하시고, 우리 군신을 만세에 어여삐 여기시어 황실과 신민이 종시일천[41] 길이 신성 무궁한 은혜를 입도록 하여주실 것을 황송히 머리 숙여 감히 소원합니다."

낱말 풀이 ▪건지랴: 건지려.

▪일검일탄一劍一彈: 칼 한 자루 총탄 한 발.

▪혼용탐포昏庸貪暴: 우매하고 탐욕스럽고 포악함.

▪공함公函: 공식 문서.

▪고약孤弱: 외롭고 힘이 약함.

▪애소哀訴: 애처롭게 호소함.

▪기다리엇도다: 기다렸다.

원문4 그래서『乙巳條約』『庚戌合併』- 곳『朝鮮』이란 일홈이 생긴 뒤 累千年만의 처음 當하던 恥辱에 朝鮮民族의 憤怒的 表示가 겨우 哈爾濱의 총·鍾峴의 칼·山林 儒生의 義兵이 되고 말엇도다. 아, 過去 數十年 歷史야말로 勇者로 보면 唾罵할 歷史가 될 뿐이며 仁者로 보면 傷心할 歷史가 될 뿐이다.

번역문 그리하여 "을사늑약"이나 "경술국치"처럼 "조선"이란 이름이 생긴 뒤 몇천 년 만에 처음 당한 치욕에 대한 조선 민족의 분노가 겨우 합이빈哈爾賓의 총, 종현鐘峴의 칼, 산림유생의 의병이 되고 말았다. 아! 과거 수십 년 역사야말로 용감한 이는 침 뱉고 욕할 만한 역사며, 어

41 종시일천終始一天의 일천은 전체, 혹은 온 국민을 말한다. 즉 '처음부터 끝까지 온 국민'이란 뜻이다.

진 사람은 다만 상심할 만한 역사다.

해설 그렇게 마침내 망국이 찾아왔다. 이전의 유구한 역사는 물론 조선왕조 오백 년이 멸망한 것에 대한 분노의 표현으로 나타난 몇 가지 사례를 열거했다.

맨 먼저 '합이빈哈爾賓(하얼빈)의 총'이란 1909년 10월 26일 만주 합이빈에서 안중근安重根(1879-1910) 의사가 일제 초대 통감 이등박문李藤博文(1841-1909, 이토 히로부미)을 격살했던 우리 민족 최대의 쾌거를 가리킨다.

'종현鐘峴의 칼'은 1909년 12월 22일 이재명李在明(1887-1910) 의사가 매국노 이완용李完用(1858-1926)을 습격했던 장면을 말한다. 이 거사의 현장이 현재 명동성당 앞인데 당시의 지명이 종현이었으므로 명동성당을 종현천주교당이라 불렀다.

그리고 '산림유생의 의병'이란 1907년 고종황제의 강제 하야와 군대 해산으로 시작된 의병들과 해외로 나가 군대를 양성하자는 신민회의 약속을 지키기 위해 해외로 나간 의병들 가운데 활약했던 유학자 출신 의병을 말한다. 대표적인 인물로는 13도 의군 도총재를 역임한 의병장 유인석柳麟錫(1842-1915)이 유명하다. 물론 을사늑약 이후 국내서 활동한 유학자 출신 의병들도 많았는데 이 가운데는 성균관 재학 시절 신채호를 매우 아꼈던 스승 이남규李南珪(1855-1907) 등이 있다.

여기서 신채호가 이 영웅적인 거사 앞에 '겨우'라는 표현을 쓴 것은 이들의 거사를 폄하貶下하려는 의도가 아니라 우리 애국지사들의 항거에 비해 수십 배 월등하게 창궐했던 매국노들의 이적행위에 대한 적개심의 반영이다. 이 글에서 을사늑약에 항거하며 순국한 민영환閔泳

渙(1861-1905)이나 경술국치의 울분으로 순국한 황현黃玹(1855-1910) 같은 분들을 굳이 거론하지 않은 것도 같은 맥락에서 이해하면 된다. 따라서 19세기 말부터 20세기 초까지 일제에 나라를 빼앗기는 과정의 역사가, 용감한 이는 침 뱉고 욕해야 하는 비굴의 역사고, 성질이 좀 눅은 사람이라도 절망하고 좌절할 역사라고 부연한 것이다.

낱말 풀이
- 을사조약乙巳條約: 현재는 '허리를 꺾어 강제로 맺은 조약'이란 뜻으로 을사늑약이라고 부르는 것이 공식 명칭이고, 을사조약은 당시의 일반적인 호칭이다. 『고종실록』에는 한일협상조약韓日協商條約으로 되어 있고 일제는 을사보호조약이라 불렀다.
- 경술합병庚戌合倂: 당시 공식 명칭은 한일병합조약韓日倂合條約이었다. 일제강점기 이후 경술병합, 경술합병, 한일합방 등을 오래 사용하다가 현재는 '경술년(1910)의 치욕'이란 뜻으로 경술국치가 공식 명칭이다.
- 일홈: 이름.
- 산림유생山林儒生: 벼슬길에 나가지 않고 초야에서 학문하는 선비.
- 타매唾罵: 침을 뱉으며 업신여김.

원문5 그리고도 國亡 以後 海外로 나아가는 某某 志士들의 思想이 무엇보다도 먼저 『外交』가 그 第一章 第一條가 되며, 國內 人民의 獨立運動을 煽動하는 方法도 『未來의 日美戰爭·日露戰爭 등 機會』가 거의 千篇一律의 文章이엇섯고, 最近 三一運動에 一般 人事의 『平和會義』·『國際聯盟』에 對한 過信의 宣傳이 돌이어 二千萬 民衆의 奮勇前進 意氣를 打消하는 媒介가 될 뿐이엇도다.

번역문 그러고도 망국 이후 해외로 나가는 모모 지사들의 사상이 무엇보다 먼저 "외교"를 제1장 제1조로 삼고, 국내 인민의 독립운동을 선동하는 방법도 "미래의 일미日美전쟁, 일로日露전쟁 등의 기회"를 노리자는 것이 거의 하나같은 문장이었고, 최근 3·1운동에서 흔히 첫인사로 주고받던 "평화회의"와 "국제연맹"에 대한 지나친 신뢰와 선전이 도리어 이천만 민중이 분노로 전진하는 열망을 잠재우는 원인이 되었을 뿐이다.

해설 이 글의 첫머리에 나오는 '해외로 나가는 모모 지사들'이 제1장 제1조로 삼았던 외교론의 근거는 당연히 미국에서 활동 중인 이승만의 '친미 외교론'이다. 이 모모 지사들은, 29명의 임시의정원 의원이 1박 2일 철야 회의로 진행했던 1919년 4월 11일 대한민국임시정부 수립 회의장에서 이승만을 초대 국무총리로 당선시킨 주역이기도 하다. 신채호를 비롯한 일부 의원들이 이승만의 국제연맹 위임통치 청원의 허구성을 아무리 역설했음에도 이미 서로의 파벌로 완곡하게 나뉜 수적 열세를 뒤집을 수 없었다.

상해를 떠나 북경으로 돌아간 신채호는 곧바로 이승만, 정한경 등이 추진하는 위임통치 청원이 자주독립을 방해하는 반민족 행위임을 알리는 「성토문」을 작성한다. 신채호는 그것이 이쪽 나라 식민지를 저쪽 나라 식민지로 바꾸는 일에 불과하고, 이리를 피하려다 호랑이 굴로 들어가는 짓거리라는 점을 분명히 밝힌 것이다. 그 성토문에는 파리강화회의 현장에서 김규식金奎植(1881-1950)이 세계 각국의 인사들이 던진, "조선이 독립을 원한다면서 어찌 국제연맹에 위임통치를 청원한 이승만을 대통령으로 선출했느냐?"는 질문에 대답하지 못하여 만방의 웃음거리가 되었다는 일화가 실려 있다.

이 무렵 국내 신문에는 미일전쟁, 러일전쟁 등의 기사가 연일 화제가 되고 있었는데 일부 외교론자들은 이것을 독립의 기회로 여겼고, 국내 친일파들은 이에 부화뇌동하는 한국인들을 경계하는 사설을 싣기에 바빴다. 신채호는 3·1운동을 상기시키면서 사람들이 모이는 시위 현장마다 '파리강화회의'와 '국제연맹'에서 한국을 독립시켜 줄 것이라는 선전 선동이 난무하여 민중의 진정한 독립투쟁의 열기를 잠재워 버렸다고 안타까워하고 있다.[42]

낱말 풀이
- 모모某某: 누구누구.
- 제일장第一章 제일조第一條: 모든 것의 제일 우선이 된다는 것을 비유하는 말.
- 인사人事: 사람과 사람이 만나 인사하는 일. 이 글에서는 저명한 사람을 뜻하는 인사人士와 혼동하기 쉽다.
- 돌이어: 도리어.
- 분용전진奮勇前進: 용기를 내어 앞으로 나감.
- 타소打消: 포기하거나 단념하는 것.

원문6 第二는 準備論이니 乙巳條約의 當時에 列國 公館에 비발덧듯하던 조희쪽으로 넘어가는 國權을 붓잡지 못하며, 丁未年의 海牙密使도

42 원문의 "최근最近 3·1운동三一運動에 일반一般 인사人事의"란 대목은 3·1운동 현장에서 만나는 사람마다 첫마디로(혹은 첫인사로) 이런 대화를 주고받았다는 뜻이다. 즉 사람과 사람이 만나서 나누는 인사를 의미한다. 이를 '일반 인사人士'로 착각하여 이승만 일파를 암시하는 번역도 있는데 이는 잘못이다.

獨立 恢復의 福音을 안고 오지 못하매 이에 차차 外交에 對하야 疑問이 되고 戰爭 아니면 않되겟다는 判斷이 생기엇다.

번역문 제2는 준비론이니, 을사늑약 당시 여러 나라 공관에 수없이 보낸 종이 문서 따위로 넘어가는 국권을 붙잡지 못했으며, 정미년의 헤이그 특사도 독립 회복의 소식을 안고 오지 못했으니, 이에 차차 외교에 대하여 의문이 생기면서 전쟁 아니면 안 되겠다는 판단이 생겨났다.

해설 여기서부터는 '준비론'에 대한 비판이 시작된다.

조선의 국운이 쇠퇴해 가던 19세기 후반부터 이미 각국과의 외교를 통하여 권력을 누리던 위정자들이 을사늑약을 전후하여 역시 저마다 가까운 외국 정부에 이런저런 공문을 보냈으나 아무런 효과가 없었다. 그만큼 일본은 치밀하고 원대한 설계도를 가지고 움직였으며, 주변의 그 어떤 국가도 이미 일본의 정치력과 군사력을 상대할 수 없었다.

어쩌면 최후의 희망일 수도 있었던 1907년의 헤이그 특사 역시 실패로 돌아가자 이때부터 본격적인 국내 의병의 무장투쟁이 시작되었으며, 비밀결사였던 신민회는 이때 이미 해외 군사 양성의 계획을 세워 몇 년 후 만주에 신흥무관학교[43]의 전신인 신흥강습소를 설립한다.

낱말 풀이
- 열국列國: 여러 나라.
- 비발덧듯하던: 빗발 듣듯 하던.
- 조희쪽으로: 종이쪽으로.
- 붓잡지: 붙잡지.
- 해아밀사海牙密使: 헤이그 특사.

43 신민회의 이름을 따라 '신민新民이 흥성하는 무관학교'라는 뜻이다.

원문7 그렇나 軍人도 없고 武器도 없이 무엇으로써 戰爭하겟느냐? 山林儒生들은 春秋大義에 成敗를 不計하고 義兵을 募集하야 峩冠大衣로 指揮의 大將이 되며, 산양 捕手의 火繩隊를 몰아갓이고 朝日戰爭의 戰鬪線에 나섯지만, 新聞쪽이나 본 이들 - 곳 時勢를 斟酌한다는 이들은 그리할 勇氣가 아니 난다.

번역문 그러나 군인도 없고 무기도 없이 무엇으로 전쟁하겠느냐? 산림유생들은 역사적 대의를 바탕으로 이기고 지는 것을 따지지 않고 의병을 모집하여, 벼슬아치 복장으로 선두의 대장이 되어 산양 포수의 화승총을 모아 조일전쟁 전면에 나섰지만, 신문을 읽어본 이들은, 곧 상황을 짐작하는 이들은 그럴만한 용기가 나지 않는다.

해설 외국의 도움을 갈망하던 희망이 사라지고 일제의 폭압은 점점 목불인견이 되어가므로 충의를 외치던 조선의 선비들이 먼저 의병을 일으켰다. 조선의 성리학자들은 명나라와의 의리[44]를 중시하여 남한산성에서의 치욕을 감수할 정도로 유교적 전통인 충효와 예의를 중시하였다.

이를 위해서는 싸움에서 이기고 지는 것은 그리 중요한 문제가 아니었다. 물론 전쟁을 공부하거나 준비한 적이 없으므로 일반 사대부 복장이 곧 전투복이었고, 군졸은 기껏 집안의 하인들이거나 인근에서 모집한 화승총을 쓰는 포수가 전부였다. 그러나 그것도 뜻과 의리를 중

44 중화주의에 입각한 황제와 제후(왕)의 의리를 가리킨다. 제후는 황제를 부모와 같이 받들어야 하고 황제는 제후를 자식처럼 보살펴야 한다. 이 도리를 잘 지키는 나라는 '예의지국'이며 이를 거스르고 황제에 반기를 들면 오랑캐 나라다. '동방예의지국'이란 중국의 황제가 조선의 사대주의를 칭찬하는 말이자, 조선의 성리학자들이 중화주의에 철저함을 자랑하기 위해 사용했던 말이다. 신채호는 일찍이 「독사신론」에서 이 사대주의 역사관을 맹렬히 비판했다.

시하는 사대부에 한정된 일일 뿐, 일반인들은 선뜻 그 길에 동참할 수도 없었다.

낱말 풀이 ▪춘추대의春秋大義: 역사적인 대의명분의 의리.

▪아관대의峩冠大衣: 큰 갓과 도포. 곧 사대부의 복장.

▪화승대火繩隊: 화승총을 사용하는 포수로 이루어진 부대.

▪몰아갖이고: 몰아서.

▪짐작斟酌: 옛날 짐승 뿔이나 흙으로 빚은 술잔은 속이 보이지 않았다. 이때 술을 따르면서 부족하게 따르는 것을 짐斟이라 하고 넘치게 따르는 것을 작酌이라 한다. 따라서 적당히 따르는 양을 가늠한다는 의미에서 짐작이란 말이 생겼다. 어림으로 대략 헤아린다는 뜻으로 쓰인다.

원문8 이에 『今日今時로 곳 日本과 戰爭한다는 것은 妄發이다. 총도 작만하고, 돈도 작만하고, 大砲도 작만하고, 將官이나 士卒가음까지라도 다 작만한 뒤에야 日本과 戰爭한다』 함이니, 이것이 이른바 準備論 곳 獨立戰爭을 準備하자 함이다.

번역문 이에 "지금 당장 일본과 전쟁한다는 것은 망발이다. 총도 장만하고, 돈도 장만하고, 대포도 장만하고, 군사들까지 다 장만한 뒤에 일본과 전쟁한다." 하는 것이 이른바 준비론 곧 독립전쟁을 준비하자 함이다.

해설 외교론으로는 안 된다는 것을 확인하고 무장투쟁으로 전쟁을 벌여야 한다는 데까지는 동의하는데, 당장 싸울 수 있는 무기나 병력이 아무것도 없다는 게 문제다. 그리하여 지금 당장 전쟁을 시작하는 것은 안 되고 전쟁에 필요한 모든 무기와 군수품들이 마련될 때까지 준비하자는 것이 이른바 준비론이다.

당시 이러한 준비론을 주장한 사람으로 흔히 안창호安昌浩(1878-1938)를 거론하는데 그는 처음에는 '실력양성론자'였다가 3·1운동 이후 '독립전쟁론자'로 전환했다. 다만 이때 독립전쟁론을 주장하면서 앞세운 조건이 '선先준비론'이었다. 그러나 그 '선先준비론' 역시 현실적으로는 큰 의미가 없다는 점에서 보면 안창호 역시 근본적으로는 신채호와 같은 '무장투쟁론자'였다.

낱말 풀이
- 금일금시今日今時: 오늘 지금부터.
- 작만하고: 장만하고.
- 사졸士卒가음까지: 군사들까지.

원문9 外勢의 侵入이 더할사록 우리의 不足한 것이 작구 感覺되야 그 準備論의 範圍가 戰爭 以外까지 擴張되야 敎育도 振興하야겟다, 商工業도 發展하야겟다, 其他 무엇무엇 一切가 모다 準備論의 部分이 되얏섯다.

번역문 외세의 침략이 더할수록 우리의 부족한 것들이 자꾸 늘어나서, 그 준비론의 범위가 전쟁 이외까지 확장되어 교육도 진흥해야겠다, 상공업도 발전해야겠다, 기타 무엇무엇 일체가 모두 준비론이 되었다.

해설 모든 것을 준비한 뒤에 독립전쟁을 수행하려 하니 그만큼 적들의 화력이나 기세도 커지게 마련 아닌가? 그렇다 보니 아무리 준비해도 점점 부족한 것만 늘어나게 된다. 더 큰 문제는 당장 무장투쟁에 나서지 않는 부류들이 사회 각 분야에서 이 준비론을 가장 안일한 방법론으로 대용하여 독립투쟁을 지체시키고 있다는 점이었다.

일본은 이미 세계 일류 수준의 경제력과 군사력으로 승승장구하는데 식민지로 모든 것을 수탈당하고 망명지를 전전하는 한국인들이 그에 걸맞은 정치, 경제, 군사, 교육, 문화 따위를 준비하고 양성한들 어떻게 일본과 상대가 될 수 있겠는가? 이런 주장을 들을 때마다 신채호는 속이 타들어 가고 있었다.

낱말 풀이 ▪더할사록: 더할수록.

▪감각感覺되야: 알아차리게 되어.

▪되얏섯다: 되었다.

원문10 庚戌以後 各 志士들이 或 西北間島의 森林을 더듬으며, 或 西比利亞의 찬바람에 배부르며, 或 南北京으로 돌아단이며, 或 美洲나 『하와이』로 들어가며, 或 京鄕에 出沒하야 十餘星霜 內外各地에서 목이 텃일만치 準備! 準備!를 불럿지만 그 所得이 몃 개 不完全한 學校와 實力없는 會뿐이엇섯다.

번역문 경술국치 이후 몇몇 지사들이 혹 서북간도의 삼림을 더듬으며, 혹 시베리아의 찬바람에 배부르며, 혹 남경과 북경으로 돌아다니며, 혹 미국과 하와이로 돌아가며, 혹 경향 각지에 출몰하여 십여 년 국내외 여러 곳에서 목이 터질 만큼 준비! 준비를 외쳤지만, 그 소득이 몇 개 불완전한 학교의 건립과 실력 없는 단체뿐이었다.

해설 경술국치 전후로 숱한 애국지사들이 독립운동의 길을 찾아 해외로 나갔다. 이때 건설된 해외 독립운동의 대표적인 거점은 미국, 서간도, 블라디보스토크, 북간도, 상해 등 모두 다섯 군데였다. 이들을 1910년대 해외 독립운동 5대 거점기지라고 분류한다.

미국에는 경술국치 이전인 1910년 5월에 대한인국민회를 조직했으며 이미 한인소년병학교 같은 군사교육기관도 있었다. 하와이를 포함한 미국의 초기 독립운동은 안창호와 박용만朴容萬(1881-1928)이 주도했으며 외국(일제)의 간섭이 미치지 않았으므로 '대한'이 들어간 대한인국민회 명칭을 처음부터 끝까지 사용했다.

서간도에는 6형제가 전 재산을 정리하고 만주로 떠난 이회영李會榮(1867-1932) 일가와 안동 임청각의 주인 이상룡李相龍(1858-1932)이 주도하여 1911년 4월에 경학사耕學社를 만들었다. 훗날 신흥무관학교가 되는 신흥강습소를 설립하고 부민단과 한족회 등을 거쳐 나중에 서로군정서로 발전했다.

블라디보스토크에는 1911년 5월 권업회를 창립하였고 교육기관으로는 한민학교가 있었다. 이상설과 최재형崔在亨(1860-1920)이 주요 활동을 이끌었으며 전로한족중앙총회를 거쳐 훗날 대한민국 3대 정부 중 하나인 대한국민의회로 발전한다.

북간도에는 대종교가 중심이 되어 1911년 중광단을 설립하였고, 일찍이 서전서숙이나 명동학교 같은 교육기관이 개교하였다. 대종교의 핵심 인물인 서일徐一(1881-1921)과 김좌진金佐鎭(1889-1930)의 주도 아래 대한군정부를 거쳐 북로군정서로 발전하였다.

상해에는 신규식申圭植(1880-1922)을 중심으로 1912년 7월 동제사가 설립되었으며, 교육기관으로 박달학원이 있었다. 훗날 신한청년당을 건설하여 3·1운동을 기획하고 대한민국임시정부의 산파 역할을 담당한다.

1910년 5월 신민회 동지들과 망명길을 떠난 신채호는 이 가운데 미국을 제외한 거의 모든 지역에서 함께 독립운동을 펼쳤다. 그랬던 그가 10여 년 동안 낯선 이역에서 피땀 흘려 이룬 독립운동의 성과에 대해 겨우 "불완전한 학교 몇 개", "실력 없는 단체 몇 개"뿐이라고 잘라 말하고 있다. 이런 방법으로는 이십 년 삼십 년이 지나도 결코 일제를 축출하여 나라를 되찾을 수 없다고 절규하는 것이다.

낱말 풀이 ▪남북경南北京: 남경과 북경.

▪돌아단이며: 돌아다니며.

▪십여성상十餘星霜: 십여 년.

▪텃일만치: 터질 만치.

원문11 그렇나 그들의 誠力의 不足이 아니라 實은 그 主張의 錯誤이다. 强盜 日本이 政治經濟 兩 方面으로 驅迫을 주어 經濟가 날로 困難하고 生産機關이 全部 剝奪되야 衣食의 方策도 斷絶되는 때에 무엇으로? 어떻게? 實業을 發展하며? 敎育을 擴張하며? 더구나 어대서? 얼마나? 軍人을 養成하며? 養成한들 日本 戰鬪力의 百分之一의 比較라도 되게 할 수 있느냐? 實로 一場의 잠고대가 될 뿐이로다.

번역문 그러나 그들의 노력이 부족한 것이 아니라 그 주장의 착오다. 강도 일본이 정치 경제 두 방면을 압박하여 경제가 날로 곤란하고 생산기관이 전부 박탈되어 먹고사는 길마저 막막하니, 무엇으로 어떻게 실업을 발전하며, 교육을 확장하며, 더구나 어디서 얼마나 군인을 양성하며, 양성한들 일본 군사력의 백분의 일이라도 될 수 있겠느냐? 실로 한바탕 잠꼬대일 뿐이다.

해설 나라를 되찾겠다고 노심초사 망명지를 헤매는 애국지사들의 노고를 신채호가 왜 모르겠는가? 다만 독립전쟁을 수행하되 일제와 맞설 만큼의 실력을 갖춘 뒤에 전쟁하자는 주장은 얼핏 생각은 매우 합리적인 것처럼 보이지만[45] 실제로는 현실성이 없다는 것을 신채호는 잘 알고 있었다. 따라가는 뱁새가 큰 걸음의 황새를 앞지를 수 없는 것과 마찬가지다. 따라서 이 준비론 역시 그저 이론일 뿐 현실성 없는 잠꼬대임을 천명한 것이다.

낱말 풀이 ▪백분지일百分之一: 100분의 1.

▪잠고대: 잠꼬대.

원문12 以上의 理由에 依하야 우리는『外交』『準備』等의 迷夢을 바리고 民衆 直接革命의 手段을 取함을 宣言하노라.

번역문 이상의 이유에 근거하여 우리는 "외교", "준비" 등의 헛된 꿈을 버리고 민중 직접혁명의 수단을 취함을 선언하노라.

해설 1장에서는 일제 식민 지배의 비극적 참상을 서술하고, 2장에서는 내정독립론, 자치론, 참정권론, 문화운동론에 대한 비판, 그리고 3장에서는 외교론과 준비론을 차례로 비판한 뒤에 마침내 신채호의 주요 사상이며 조선혁명선언의 핵심 주제인 민중 직접혁명[46]에 대한 포문을 열고 있다.

낱말 풀이 ▪의依하야: 의거하여.

45 실제로 학생들과 해외 독립운동유적지 답사 중에 ①외교론 ②준비론 ③무장투쟁론 세 가지 유형으로 설문 투표를 하면 ②번 준비론이 제일 많이 나온다.

46 '직접행동'은 흔히 아나키즘anarchism의 기본 테제로 통용된다. 요즘도 한국 사회에서 사용하는 '민중행동'이나 '시민행동' 등이 여기에 속한다.

4장

원문1 朝鮮民族의 生存을 維持하자면 强盜 日本을 驅逐할지며, 强盜 日本을 驅逐하자면 오즉 革命으로써 할 뿐이니 革命이 아니고는 强盜 日本을 驅逐할 方法이 없는 바이다.

그렇나 우리가 革命에 從事하랴면 어느 方面부터 着手하겟나뇨?

번역문 조선 민족의 생존을 유지하자면 강도 일본을 쫓아낼 것이며, 강도 일본을 쫓아내자면 오직 혁명으로써 할 뿐이니, 혁명이 아니고는 강도 일본을 쫓아낼 방법이 없는 것이다.

그러나 우리가 혁명에 종사하려면 어느 방면부터 착수하겠느뇨?

해설 조선혁명선언에서 신채호가 주창하는 혁명은 우리나라 근현대사를 두루 관통하는 모든 민중혁명에 기본적으로 적용되는 낡은 악습의 파괴와 새로운 질서의 건립을 의미한다고 폭넓게 이해를 시작해야 한다. 그러한 배경 위에서 일제를 몰아내고 식민 통치에서 벗어나는 과정도 오직 혁명이라는 유일한 방법을 통해서만 가능하다고 강조하고 있다. 그리고 그 유일한 방법인 혁명이라는 것이 무엇인지 구체적인 서술을 시작한다.

낱말 풀이
- 그렇나: 그러나.
- 착수着手하겟나뇨?: 착수하겠느뇨?

원문2 舊時代의 革命으로 말하면, 人民은 國家의 奴隸가 되고 그 以上에 人民을 支配하는 上典, 곳 特殊勢力이 있어 그 所謂 革命이란 것은 特殊勢力의 名稱을 變更함에 不過하얏다. 다시 말하자면, 곳 『乙』의 特殊勢力으로 『甲』의 特殊勢力을 變更함에 不過하얏다.

번역문 과거의 혁명으로 말하자면, 인민은 국가의 노예가 되고 그 위에 인민을 지배하는 상전, 곧 특수 세력이 있어 소위 혁명이란 것은 특수 세력의 이름만 바꾸는 것에 불과하였다. 다시 말하면, "을"이라는 특수 세력으로 "갑"이라는 특수 세력을 대체하는 것에 불과하였다.

해설 봉건 계급사회에서는 대다수 피지배 백성은 혁명과 아무런 상관이 없었다. 다만 새로운 지배 세력이 이전의 폭압적 지배 세력을 축출하는 것이 그 시대의 혁명이었다.

낱말 풀이 ■상전上典: 종에 반대되는 주인.

원문3 그렁므로 人民은 革命에 對하야 다만 甲乙 兩 勢力 곳 新舊 兩 上典 중 孰仁, 孰暴, 孰善, 孰惡을 보아 그 向背를 定할 뿐이오 直接의 關係가 업섯다. 그리하야 『誅其君而吊其民』이 革命의 惟一[47] 宗旨가 되고 『簞食壺漿以迎王師』가 革命史의 惟一 美談이 되엿섯거니와,

번역문 그러므로 인민은 혁명에 대하여 다만 갑과 을의 두 세력, 곧 신구 상전 중에 누가 어질고 누가 난폭한지, 누가 좋고 누가 나쁜지를 보아 판단을 정할 뿐, 직접 관계가 없었다. 따라서 "주기군이조기민誅其君而吊其民"[48]이 혁명의 유일한 이념이 되고, "단사호장이영왕사簞食壺漿以迎王師"[49]가 혁명사의 유일한 미담이 되었다.

해설 신분사회[50]에서 혁명이 일어난다 한들 피지배 백성들은 그저 바라만

47 조선혁명선언 원문에는 유일惟一이 모두 4번 등장한다. 그러나 대부분 현재 한국에서 같은 의미로 사용하는 유일唯一로 통용되고 있다. 이 책에서는 모두 원문을 따랐다.

48 "백성을 위하여 난폭한 군왕을 죽인다."는 뜻으로 『맹자』 「양혜왕」 편에 나온다.

49 "조촐한 음식을 차려 왕의 군대를 맞는다."는 뜻으로 출전은 앞과 같다.

볼 뿐 관계할 일이 없었다는 이야기다. 다만 기존 세력과 혁명 세력 중에 누가 더 백성에게 어질게 했는지 난폭하게 굴었는지를 따져 보다 나은 쪽을 선택하는 것이 고작이었다. 따라서 '오로지 백성을 위해서 난폭한 이전 폭군을 축출하는 것'이 과거 혁명의 유일한 명분이었고, 백성들 또한 '군대가 먹을 음식을 만들어 과거의 폭군을 죽인 새로운 혁명 세력을 맞는 것'이 혁명의 유일한 미담이라 할 수 있었다.

낱말 풀이
- 숙인孰仁: 누가 어진지.
- 숙포孰暴: 누가 포악한지.
- 숙선孰善: 누가 착한지.
- 숙악孰惡: 누가 악한지.
- 조弔: 조弔의 속자.

원문4 今日 革命으로 말하면 民衆이 곳 民衆 自己를 爲하야 하는 革命인 故로 『民衆革命』이라 『直接革命』이라 稱함이며, 民衆直接의 革命인 故로 그 沸騰 澎漲[51]의 熱度가 數字上 强弱 比較의 觀念을 打破하며, 그 結果의 成敗가 매양 戰爭學上의 定軌에 逸出하야 無錢無兵한 民衆으로 百萬의 軍隊와 億萬의 富力을 갓인 帝王도 打倒하며 外寇도 驅逐하나니,

번역문 그러나 지금 혁명으로 말하자면, 민중이 곧 민중 자신을 위해 일으

50 봉건사회라고 해도 좋고, 지주와 소작인의 관계가 기본을 이루는 봉건적 질서의 사회라고 해도 좋다.

51 현재 통용되는 조선혁명선언에는 거의 현재 한국에서 사용하는 팽창膨脹을 사용하고 있으나 원문에는 중국식 한자인 팽창澎漲을 썼다.

키는 혁명이므로 "민중혁명"이라 "직접 혁명"이라 하며, 민중이 직접 하는 혁명이므로 그 끓어오르는 팽창의 열기가 다만 숫자로 강약을 비교할 필요가 없으며, 그 성공과 실패의 결과가 전쟁이론의 상식을 벗어나 돈 한 푼 없고 병사 한 명 없는 민중만으로 백만의 군대와 억만의 자금을 지닌 제왕을 무너뜨리고 외적도 물리치나니,

해설 조선혁명선언의 핵심인 혁명의 요체를 밝히는 매우 중요한 문장이다.

신채호가 주장하는 혁명 주체는 다름 아닌 민중이다. 여기서 민중은 그 혁명의 타도 대상이 되는 세력을 제외한 일체가 모두 그 민중을 구성하는 요소다. 즉 전근대의 계급적 민중성이나 특수한 목적으로 나뉜 근대적 다양한 민중성의 구분이 굳이 필요 없다는 뜻이다. 일제가 이 혁명의 대상이라면 일제와 일제에 협력하는 부왜인들을 제외한 모든 한국인이 곧 혁명의 주체가 되는 것이다. 또한 민중은 다른 무엇도 아닌 민중 자신의 권리와 행복을 위해 혁명에 가담한다. 저마다 자신이 가진 것이 곧 혁명의 도구가 되고 무기가 된다. 그래서 '민중혁명'이라 말하고 '직접 혁명'이라 부르는 것이다.

근대 이후 특수한 목적과 전략 전술을 이용하는 다양한 혁명이론에 비해 훨씬 단순해 보이는 것 같지만, 오히려 근현대 민주주의 발전 과정에서 점진적으로 증폭 발생했던 민주주의 혁명의 가장 근본적인 요소만을 단순명료하게 전제하고 있다.

따라서 이 민중 직접혁명은 민중의 참여도나 열기를 굳이 숫자나 세력으로 비교할 필요가 없다. 근대 과학의 전략과 전술에서는 군사력과 경제력, 구체적인 참여 병력이 결행 여부의 결정적인 요인이 되겠지만, 민중 직접혁명은 오로지 민중이 민중 자신의 권리와 행복을 위해 혁명

하는 것이므로 그런 걸 따질 필요가 없다. 실제로 일제강점기 민중이 독립운동에 참여한 숫자는 이러한 민중 직접혁명의 논리로 따진다면 추정이 거의 불가능하다. 바로 그것이 민중혁명이 가지는 가장 무서운 무기이자 장점이다.[52]

일제 독립투쟁으로 보면 일제와 한국은 경제력으로 보나 군사력으로 보나 비교가 되지 않는다. 그러나 민중의 독립에 대한 열망과 권리와 행복에 대한 분노가 혁명으로 분출된다면 그런 숫자상 힘의 비교는 문제가 되지 않는다는 것이 이 민중 직접혁명의 기본 원리다. 경제력이 빈약하더라도, 군사력이 부족해도, 민중의 분노만으로도 백만의 군대를 상대할 수 있으며, 억만의 자금을 지닌 황제 권력도 제거할 수 있으며, 장차 우리를 점령한 일본 제국주의도 축출할 수 있다는 확고한 신념이 잘 드러나 있다.

이는 당시 수많은 친일 인사들과 그들을 따르는 대중으로부터 비현실적이고 몽환적인 주장으로 비판을 받았다. 그리고 오랫동안 단재 신채호는 마치 비현실적이고 비타협적인 독립운동가라는 오명을 뒤집어써야만 했다. 그러나 이때는 아직 민주주의 혁명 정신이란 개념이 일반화되기 전이었다. 오히려 이 혼란의 시기에 이런 백년지계를 미리 내다보는 민중 직접혁명을 제창한 신채호야말로 우리나라 민주주의의 시

52 4·19혁명 당시 한국 인구는 2,500만 명이었고 혁명 참여자는 10만 명 이상으로 추정한다. 대략 250명 중 1명이 혁명에 참여한 셈이다. 촛불혁명 당시 한국 인구는 대략 5,100만 명이었고 서울광장에 1회 참가자가 100만 명이라고 보면 51명 가운데 1명이 참가한 것이다. 그런 정도로도 최고 권력 교체가 가능하였다. 즉 민중 직접혁명은 숫자의 크기나 힘의 우열과는 상관없음을 증명한 것이다.

작이자 민중혁명의 선구자가 아닐 수 없다. 그것이 우리가 신채호를 존경하는 가장 큰 이유다.

낱말 풀이 ■비등沸騰: 액체가 끓어오름.

■팽창澎漲: 범위나 세력이 확장함.

■열도熱度: 열기의 정도.

■전쟁학상戰爭學上: 전쟁학의 논리로.

■정궤定軌: 정해진 궤도.

■일출逸出: 모르는 사이 벗어남.

■무전무병無錢無兵: 자금도 없고 군사도 없음.

■외구外寇: 외적.

원문5 그럼므로 우리 革命의 第一步는 民衆 覺悟의 要求니라.

民衆이 어떻게 覺悟하느뇨?

民衆은 神人이나 聖人이나 어떤 英雄豪傑이 있어 『民衆을 覺悟』하도록 指導하는 대서 覺悟하는 것도 아니오, 『民衆아 覺悟하자』 『民衆이여 覺悟하여라』 그런 熱叫의 소리에서 覺悟하는 것도 아니오.

번역문 그러므로 우리 혁명의 맨 첫걸음은 민중 각오의 요구다.

민중이 어떻게 각오하느냐?

민중은 신인神人이나 성인聖人이나 어떤 영웅호걸이 있어 "민중을 각오"하도록 지도하는 데서 각오하는 것도 아니요, "민중아, 각오하자!", "민중이여, 각오하라!" 이런 절규에서 각오하는 것도 아니다.

해설 민중혁명의 시작은 민중이 혁명을 하겠다는 각오로부터 시작된다. 그렇다면 민중은 어떻게 혁명을 각오하게 되는 것일까? 여기서 민중혁명을 각오하는 민중은 그 어떤 절대적인 지도자가 있거나 앞에서 이끄는 영웅호걸이 선전과 선동으로 충동한다고 해서 각오하게 되는 것이 아니다. 민중혁명의 주체인 민중은 그 어떤 선동이나 외부의 영향으로부터 각오하는 것이 결코 아니라고 단언한다.

낱말 풀이 ■신인神人: 신성한 능력이 있는 사람.

원문6 오즉 民衆이 民衆을 爲하야 一切 不平, 不自然, 不合理한 民衆 向上의 障碍부터 먼저 打破함이 곳『民衆을 覺悟케』하는 惟一 方法이니, 다시 말하자면 곳 先覺한 民衆이 民衆의 全體를 爲하야 革命的 先驅가 됨이 民衆 覺悟의 第一路니라.

번역문 오직 민중이 민중을 위하여 일체 불평, 부자연, 불합리한 민중 향상의 장애물을 먼저 타파함이 곧 "민중을 각오하게" 하는 유일한 방법이니, 다시 말하면 곧 먼저 깨달은 민중이 민중 전체를 위하여 혁명의 선구자가 되는 것이 민중 각오의 첫걸음이다.

해설 앞서 말한 민중, 즉 혁명의 타도 대상이 되는 세력을 제외한 나머지 일체 민중은, 오로지 민중 자신이 처한 불평등, 불이익, 불합리한 조건을 억울하게 생각하고 그것을 개선하고 바로잡아야겠다고 결심하는 것이 바로 혁명을 각오하게 하는 첫걸음이다.

그렇게 하여 민중혁명의 주체인 민중이 탄생한다. 그리고 그것을 먼저 자각한 민중이 민중혁명의 선구자가 되어 또 다른 민중을 혁명의 대열로 인도한다. 그렇게 얼마나 될지도 모를, 얼마나 강력할 수 있을지 알 수 없는 민중혁명이 시작되는 것이다.

낱말 풀이 ■제일로第一路: 첫걸음.

원문7 一般 民衆이 飢·寒·困·苦·妻呼·兒啼·納稅의 督捧·私債의 催促·行動의 不自由 모든 壓迫에 졸니어, 살랴니 살 수 없고 죽으랴 하야도 죽을 바를 모르는 판에, 萬一 그 壓迫의 主因되는 强盜政治의 施設者인 强盜들을 擊斃하고, 强盜의 一切 施設을 破壞하고, 福音이 四海에 傳하며 萬衆이 同情의 눈물을 뿌리어, 이에 人人이 그 『餓死』 以外에 오히려 革命이란 一路가 남아 있음을 깨달아, 勇者는 그 義憤에 못 이기어, 弱者는 그 苦痛에 못 견대어, 모다 이 길로 모아들어 繼續的으로 進行하며, 普遍的으로 傳染하야 擧國一致의 大革命이 되면 奸猾殘暴한 强盜 日本이 畢竟 驅逐되는 날이라.

번역문 일반 민중은 배고픔, 추위, 괴로움, 고통, 아내의 하소연, 아이의 울음, 세금의 독촉, 사채의 재촉, 행동의 부자유와 같은 모든 압박에 시달려, 살고자 하여도 살 수 없고 죽으려 하여도 죽을 바를 모르는 판이다. 이에 만일 그 압박의 주요 원인이자 강도정치의 실시자인 적들을 공격하고, 강도의 일체 시설을 파괴하여 혁명의 소식이 세계에 전파되고, 모든 이들이 동정의 눈물을 뿌리어 사람마다 "굶어 죽는 일" 이외에 되레 혁명이란 한길이 남아 있음을 깨달아, 용감한 이는 그 울분을 못 이겨, 약자는 그 고통을 못 견디어 모두 이 길로 모여들어 계속 나아가며, 온 나라가 하나 되어 대혁명을 이루면 간사하고, 교활하고, 잔인하고, 난폭한 강도 일본이 마침내 쫓겨 가는 날이라.

해설 혁명에 참여하는 민중이 구성되는 과정은 이미 현실 속에 규정되어 있다. 혁명의 대상인 착취자 일제에 의해 추위와 배고픔에 시달리고, 경제적 고통을 겪으며 가족들은 그야말로 끔찍한 생계를 이어갈 수밖에 없다. 착취자의 이런저런 세금의 독촉과 어려움 속에서 융통한 사채의 압박처럼 무서운 것도 없을 것이다. 이런 상황에서 민중의 삶이란 그야말로 목숨을 걸고라도 이 죽음과 같은 상황에서 벗어날 방도를 찾아야 한다.

따라서 이러한 죽음과 같은 상황에서 벗어나고자 압박의 원인 제공자이자 착취의 원흉인 침략자들을 직접 공격하는 것이 바로 민중혁명이다. 일제의 착취 기관을 파괴하고 마비시키면서 그들의 부당한 침탈과 억압을 세계만방에 알린다. 민중들이 그저 빼앗기기만 하고 굶어 죽어가는 일 이외에, 그 부당한 세력인 일제와 싸워 축출함으로써 정상적인 자주 국가의 권리와 행복을 누릴 수 있는 '혁명'이라는 새로운 방법이 존재한다는 것을 깨달아 가는 과정이 필요하다.

이에 따라 용감한 사람은 직접 적들을 공격하고, 순한 사람은 고통의 생활을 견디지 못하여 혁명의 대열에 가담하고, 마침내 호의호식하는 일제와 일제 부역자들을 제외한 모든 민중이 하나가 되어 전 민중의 혁명이 이루어지면, 아무리 포악하고 교활한 일제라 하더라도 결국 식민 지배를 포기하고 도망치는 날이 오고야 만다.

낱말 풀이

- 기飢: 배고픔.
- 한寒: 추위.
- 곤困: 괴로움.
- 고苦: 고통.
- 처호妻呼: 아내의 하소연.
- 아제兒啼: 아이의 울음.
- 독봉督捧: 세금 따위를 독촉하여 거둠.
- 최촉催促: 재촉.

- 졸니어: 졸려. 여기서는 끈덕지게 무엇을 요구당하는 것.
- 격폐擊斃: '죽이다'라는 뜻의 중국어.
- 만중萬衆: 모든 민중.
- 전염傳染: 옮는 것.
- 간활잔폭奸猾殘暴: 간사하고 교활하고 잔인하고 난폭함.
- 필경畢竟: 끝에 이르러. 마침내. 이 글에서는 말경末竟과 혼용하였다.

원문8 그렇므로 우리의 民衆을 喚醒하야 强盜의 統治를 打倒하고 우리 民族의 新生命을 開拓하자면, 養兵十万이 一擲의 炸彈만 못하며 億千張 新聞雜誌가 一回 暴動만 못할지니라.

번역문 그러므로 우리 민중을 불러일으켜 강도의 통치를 타도하고 우리 민족의 새 생명을 개척하자면, 십만의 군대를 양성하는 것이 단 한 발의 폭탄만도 못하며, 몇만 장의 신문과 잡지가 단 한 번의 용맹한 폭동만도 못하다.

해설 혁명은 이미 시작되었다. 이제는 아직 주저하며 혁명의 각오에 나서지 못한 민중을 불러일으켜 세워야 하는 것이다. 저 잔악한 강도 일제의 식민 통치를 쳐부수고 우리 민족의 새로운 시대를 개척하기 위해서는 가능한 한 명이라도 더 민중이 뭉쳐야만 한다. 저마다 자신이 지닌 모든 것들을 무기 삼아, 아무것도 없는 사람은 맨주먹으로 아우성으로 적들의 간담을 서늘하게 하는 혁명의 대오가 필요하다.

민중혁명이므로 반드시 십만의 군대를 양성해야만 할 필요는 없다. 그보다는 적의 심장을 향해 던지는 한 발의 폭탄이 한층 저들을 두려움에 떨게 할 수 있다. 일제의 간섭과 검열로 너덜너덜해진 몇만 장의 신문과 잡지를 발행하는 것보다 거대한 민중이 한꺼번에 달려드는 용맹한 폭동이 훨씬 무서운 것이다.

낱말 풀이 ▪환성喚醒: 잠자는 사람을 깨움.

▪일척一擲: 한 번 던짐.

▪작탄炸彈: 화약 폭탄.

원문9 民衆의 暴力的 革命이 發生치 아니하면 已어니와, 이미 發生한 以上에는 마치 懸崖에서 굴니는 돍과 갈하야 目的地에 到達하지 아니하면 停止하지 않는 것이라.

번역문 민중의 폭력적 혁명이 발생하지 않는다면 모르겠지만, 일단 발생한 이상에는 마치 벼랑 끝에서 굴리는 돌과 같아서 목적지에 도달하지 않으면 정지하지 않는다.

해설 대부분 이러한 민중의 혁명이 꿈같은 일이라고 생각한다. 그러나 민중이 피를 흘리지 않고, 폭력을 사용하지 않고도 순순히 물러나는 그렇게 순수한 지배 권력은 없다. 하물며 이민족 남의 나라를 노예로 삼고자 몰려온 일제가, 더군다나 몇십 배의 군사력과 경제력으로 대동아공영을 꿈꾸는 일제라면 어지간한 저항으로는 꿈쩍도 하지 않는다. 오로지 전체 민중이 혼연일체가 되어 일어서는 민중혁명만이 그들을 쫓아낼 수 있다.

그러나 만약 우리 민족이 태생이 비겁하고 민중이 두려움에 떨어 민중혁명이 일어나지 않는다면 그땐 우리 민족은 영영 저들의 노예로 짐승처럼 살아야 한다. 일어나야만 한다. 민중혁명이란 일어나기는 어려

우나 일단 일어나기만 하면 벼랑에 굴러떨어지는 바위와 같아서 절대 목적지에 닿기 전에는 멈추는 법이 없다. 그것이 민중 직접혁명의 무서움이요, 자주독립 국가를 향해 가는 가장 탁월한 지름길이다.

낱말 풀이 ▪이已어니와: '이왕已往'과 '어니와'가 합쳐진 말이다. 글자가 비슷한 '기왕己往과 어니와'를 합쳐 '己어니와'도 같은 뜻으로 혼용된다. 이 표현은 일찍이 18세기 무렵에도 나타나는데 20세기 전반 문헌에서 더러 발견된다. '이왕지사~어니와', 혹은 '기왕지사~어니와'라는 뜻으로 '이미 그렇게 된 일이거니와'라는 말이다.

▪현애懸崖: 깎아지른 벼랑.

▪굴니는: 굴리는.

▪돍: 돌.

▪같하야: 같아서.

원문10 우리 己往의 經過로 말하면 甲申政變은 特殊勢力이 特殊勢力과 싸우던 宮中 一時의 活劇이 될 뿐이며, 庚戌 前後의 義兵들은 忠君愛國의 大義로 激起한 讀書階級의 思想이며, 安重根·李在明 等 烈士의 暴力的 行動이 熱烈하얏지만 그 後面에 民衆的 力量의 基礎가 없었으며, 三一運動의 萬歲소리에 民衆的 一致의 意氣가 瞥現하엿지만 또한 暴力的 中心을 갖이지 못하엿도다. 『民衆·暴力』 兩者의 其一만 빠지면 비록 轟烈壯快한 擧動이라도 또한 雷電같이 收束하는도다.

번역문 우리의 과거 역사로 말하면, 갑신정변은 특수 세력이 특수 세력과 싸우던 한때 궁중의 활극일 뿐이며, 경술국치 전후의 의병들은 충의와 애국으로 격렬히 일어난 양반들의 사상이며, 안중근과 이재명 같은 의사들의 폭력적 거사가 비록 열렬하였지만 그 바탕에 민중의 역량이 없었으며, 3·1운동의 만세 소리에 하나 된 민중의 열기가 잠시 분출하였으나 또한 폭력이 중심을 이루지 못하였다. "민중"과 "폭력" 둘 가운데 단 하나라도 빠지면 비록 엄청난 기세의 봉기라 할지라도 번갯불과 같이 사그라지는 것이다.

해설 본래 자존심이 강하여 국토가 침략당하는 것을 절대 용납하지 않는 우리 민족이었다. 따라서 일제의 식민지가 되어가는 과정에서 수많은 저항과 나름대로 몸부림이 격렬했던 것은 사실이다. 그러나 그런 모든 과정에 결정적으로 결핍되었던 것이 바로 '민중'과 '폭력'이었다.

1884년의 갑신정변 역시 개화를 꿈꾸는 열렬한 청년들이 일대 폭풍을 일으킨 사건이긴 하였으나 결국 민중을 배제한 특수한 집단끼리의 권력투쟁에 불과하였고, 이후 경술국치 전후로 수많은 의병이 혁혁한 전투를 치렀으나 이 또한 양반 계급의 의리만 충천했을 뿐 민중이 배후를 받쳐주지 못했다.

일제강점기 동안 우리가 제일 자랑스럽게 여기는 3·1운동 또한 전국 민중이 흔연히 떨쳐 일어나 얼핏 민중 봉기의 양상을 보이는 듯했으나 바로 폭력이 동반되지 않음으로써 안타깝게도 민중혁명으로 발전하지 못하고 말았다.

이렇듯 민중 직접혁명이 목적지에 도달하기 위해 반드시 갖춰야 할 절대적 요소가 바로 민중과 폭력이다. 그것도 하나만 있어서는 안 되며 반드시 좌우의 날개처럼 함께 비행해야만 한다. 둘 중 하나가 없다면, 비록 구름처럼 사람이 모여 대단한 기세를 펼쳤다 해도 마치 번갯불이 순식간에 땅속으로 사라지는 것처럼 혁명은 실패하고 만다.

낱말 풀이 ■활극活劇: 연극이나 영화에서처럼 격렬히 싸우는 일을 비유하는 말.

■독서계급讀書階級: 지식층. 여기서는 양반 계급을 말함.

■별현瞥現: 잠깐 나타남.

■갖이지: 가지지.

■굉렬장쾌轟烈壯快: 몹시 우렁차고 장쾌한 모양.

■수속收束: '마무리'라는 뜻을 지닌 중국어.

원문11 朝鮮 안에 强盜 日本의 製造한 革命 原因이 산같이 싸히엇다. 언제든지 民衆의 暴力的 革命이 開始되야 『獨立을 못하면 살지 않으리라』『日本을 驅逐하지 못하면 물너서지 않으리라』는 口號를 갖이고 繼續 前進하면 目的을 貫徹하고야 말지니, 이는 警察의 칼이나 軍隊의 총이나 奸猾한 政治家의 手段으로도 막지 못하리라.

번역문 조선 안에 강도 일본이 만든 혁명의 원인이 산같이 쌓였다. 언제든지 민중의 폭력적 혁명이 시작되어 "독립을 하지 못하면 살지 않으리라!", "일본을 쫓아내지 못하면 물러서지 않으리라!" 하는 구호를 가지고 계속 전진하면 목적을 관철하고야 말 것이니, 이는 경찰의 칼이나 군대의 총이나 간사하고 교활한 정치가의 수단으로도 막지 못하리.

해설 일제의 식민 통치는 점점 치밀하고 교활해지고 있었다. 그럴수록 조선의 지식인들은 아예 일제에 빌붙어 일신의 영달을 보전하거나 그게 싫은 이들도 그저 묵묵히 저마다의 일터에서 일본의 황국 신민으로 사는 길을 선택했다. 그렇다고 해도 식민지 백성으로 받는 차별과 홀대는 더욱 심해져 나날이 울분이 쌓여가고 있었다.

일반 민중들의 삶은 더 말할 처지가 아니었다. 일제의 악행은 이미 인간이 견딜 수 있는 한계를 넘어 그야말로 생존의 기로를 갈팡질팡하고 있었다. 바야흐로 혁명의 시대가 도래한 것이다. 3·1운동으로 대한민국임시정부가 건설되고 만주를 비롯한 국경 지역에서는 연일 무장투쟁이 한창이었다. 의열단 같은 특수 단체들은 일제의 심장부를 끊임없이 노리고 있었다. 그런 토대 위에서 민중과 폭력이 어우러진 민중직접혁명의 촉발이야말로 일제 식민지를 끝낼 수 있는 절호의 기회가 아닐 수 없었다.

낱말 풀이 ▪싸히엇다: 쌓였다.

원문12 革命의 記錄은 自然히 慘絶壯絶한 記錄이 되리라. 그렇나 물너서면 그 後面에는 黑暗한 陷穽이오, 나아가면 그 全面에는 光明한 活路니 우리 朝鮮民族은 그 慘絶壯絶한 記錄을 그리면서 나아갈 뿐이니라.

번역문 혁명의 과정은 당연히 처절하고 장렬한 기록이 되리라. 그러나 물러서면 그 뒤에는 어두운 함정뿐이요, 나아가면 그 앞에는 밝은 활로가 열리니, 우리 조선 민족은 그 처절하고 장렬한 기록을 그리며 나아갈 뿐이다.

해설 무릇 혁명이란 인간의 가장 소중한 목숨을 바쳐 수행하는 장중한 역사다. 간악한 지배자들의 총칼 앞에 얼마나 많은 목숨이 추풍낙엽처럼 희생되어야 하는지 알 수도 없고, 얼마나 많은 보복과 응징을 당해야 하는지 가늠할 수도 없는 처절하고 무서운 고난의 길이다. 그러나 목숨은 물론 그 모든 것을 다 바쳐서라도 반드시 이겨내야 하고 물리쳐야 할 적이 존재한다면 또한 반드시 결행해야 하는 역사의 고결한 소명인 것이 바로 혁명이다.

노예로 살 것인가? 주인으로 살 것인가? 포기하면 깜깜한 노예의 함정으로 떨어지는 것이요, 성공하면 대명천지 자주독립국의 국민으로 사는 것이다. 그렇게 민중혁명이란 매우 처절하고 장렬한 모습으로 역사적 대의를 향해 나아가는 것이다.

낱말 풀이 ▪ 참절장절慘絶壯絶: 처절하고 장렬함.

▪ 흑암黑暗: 어두움.

▪ 함정陷穽: 함정.

원문13 이제 暴力 - 暗殺·破壞·暴動 - 의 目的物을 大略 列擧하건대,

一, 朝鮮總督 及 各 官公吏

二, 日本 天皇 及 各 官公吏

三, 偵探奴·賣國賊

四, 敵의 一切 施設物

번역문 이제 폭력(암살, 파괴, 폭동)의 목적물을 대략 열거하건대,

1. 조선 총독 및 각 관리
2. 일본 천황 및 각 관리
3. 정탐노偵探奴와 매국적賣國賊
4. 적의 일체 시설물

해설 이 부분은 1919년 만주 길림에서 발족한 의열단이 앞세웠던 '5파괴五破壞 7가살七可殺'을 신채호가 네 가지로 간단명료하게 요약 정리한 것

이다. 조선혁명선언의 본래 목적이 '의열단 선언'이었기 때문에 기존의 복잡한 의열단 강령을 간략하게 압축하여 타격 대상이나 활동 범위에서 오는 불필요한 혼선을 제거하려 한 것이다. 먼저 의열단의 '5파괴 7가살'에 대해 알아보자.

5파괴

1. 조선총독부
2. 동양척식주식회사
3. 매일신보사
4. 각 경찰서
5. 기타 왜적 중요 기관

7가살

1. 조선 총독 이하 고관
2. 군부 수뇌
3. 대만 총독
4. 매국적
5. 친일파 거두
6. 적탐(밀정)
7. 반민족적 토호열신

의열단의 '5파괴 7가살'에서는 1919년 창립 당시 13명의 의열단 단원들의 고뇌를 엿볼 수 있다. 우선 '5파괴'는 한국의 의열투쟁을 실천하려는 목적으로 국내의 다섯 군데 파괴 대상을 정한 것이므로 별다른 추가 설명이 필요하지 않다.

'7가살'의 경우는 1번부터 3번까지는 대상이 일제이고, 4번부터 7번까지는 대상이 한국인이다. 한국인 대상자들은 나라를 팔아먹은 매국노(4번), 현재 일제 앞잡이가 되어 설쳐대는 친일파들(5번), 우리 독립운동가들을 추적하고 혁명을 방해하는 일제의 밀정들(6번), 그리고 일제의 경제 수탈에 앞장서는 토착 지주나 대리인들(7번) 등이다.

의열단의 가장 큰 고민은 '7가살' 가운데 1번부터 3번까지의 일본인을 어떻게 어디까지 규정할 것인가에 있었다. 당시 일제의 동아시아 침략 전초기지는 모두 세 군데가 중심이었는데 대만총독부, 관동군사령부(관동군도독부 또는 관동청), 조선총독부 등이었다.

의열단이 한국 독립운동 단체였으므로 당연히 조선총독부가 타격대상 제1호였고, 문제는 두 번째인 '관동군사령부'였다. 딱히 관동군만을 단정하게 되면 다른 지역의 일본군 간부가 제외되므로 '군부 수뇌'라는 포괄적인 명칭을 사용하게 되었다. 그리고 대만총독부는 한국의 의열단이 우두머리인 총독만 제거의 대상에 포함하고 나머지는 대만국민에게 맡기는 전략을 선택한 것으로 보인다.

신채호는 조선혁명선언을 쓰면서 이러한 '5파괴 7가살'이 너무 복잡하여 명료하지 않다고 판단하였다. 또한 사람의 목숨을 다루는 일이므로 대상에 대한 불필요한 논란이 생길 여지도 있었다. 따라서 본문처럼 4가지로 단순하게 압축하였다.

가장 중요한 '7가살'의 1번은 그대로 본문의 1번이고, '7가살'의 2번과 3번이 본문의 2번이다. 그리고 '7가살'의 4번부터 7번까지를 본문에서는 3번으로 합치고, 나머지 '5파괴' 전부를 본문의 4번으로 통합하였다. 의열단의 '5파괴 7가살'에 비해 매우 단순하게 정리된 것처럼 보이지만 내용에 있어서는 한층 포괄적이며 논란의 여지를 없앤 비교적 널찍한 그물망이 펼쳐진 것이다. 신채호다운 통찰이 엿보이는 대목이다.

낱말 풀이
- 정탐노偵探奴: 정탐하는 사람을 낮잡아 부르는 말. 노奴는 비하의 뜻을 담고 있다.
- 매국적賣國賊: 나라를 팔아먹은 자들.

원문14 此外에 各 地方의 紳士[53]나 富豪가 비록 現著이 革命運動을 妨害한 罪가 없을지라도, 만일 言語 或 行動으로 우리의 運動을 緩和하고 中傷하는 者는 우리의 暴力으로써 對付할지니라. 日本人 移住民은 日本 强盜政治의 機械가 되야 朝鮮 民族의 生存을 威脅하는 先鋒이 되야 있은즉 또한 우리의 暴力으로 驅逐할지니라.

번역문 이 밖에 각 지방의 벼슬아치나 부호가 비록 뚜렷하게 혁명적 운동을 방해한 죄가 없을지라도 만일 말이나 행동으로 우리의 운동을 비방하고 훼손하는 자는 우리의 폭력으로써 갚을지니라. 일본인 이주민들은 일본 강도정치의 손발이 되어 조선 민족의 생존을 위협하는 선

53 영어 'gentleman'을 번역하여 품위 있고 예의 바른 사람을 가리켜 신사라고 하지만 본래 신紳은 벼슬아치의 관대冠帶를 가리킨다. 따라서 이 글에서는 '벼슬아치'의 의미로 사용하였다. 일제의 신사神社와 혼동하는 것도 조심해야 한다.

봉이 되어 있으니 또한 우리의 폭력으로 몰아낼지니라.

해설 신채호는 '7가살'의 4번부터 7번까지를 본문의 3번으로 합치면서 '반민족적 토호열신土豪劣紳'이라고 표현된 친일 지주들이나 혹은 지방의 벼슬아치들이 그물망을 빠져나갈 수도 있다고 보아 이 대목을 첨가한 것이다. 그들은 독립운동을 직접 방해하지 않더라도 그러한 위치에 있는 존재 자체가 타도의 대상이라고 본 것이다.

4장의 마지막 글은 매우 중요한 문장이다. 흔히 신채호를 폭력과 파괴의 무뢰배로 폄훼하는 부류들이 "신채호는 평범한 일본인들까지 잔혹하게 죽여야 한다고 했다."고 주장하는 말의 빌미가 바로 이 문장이기 때문이다. 그들은 이 문장에서 "이주민移住民은"이라는 한 단어를 슬그머니 빼버린다. 그렇게 되면 그들의 주장대로 신채호는 일본 국민까지 모조리 공격의 대상으로 삼은 반인륜적 살인마가 되는 것이다.

그러나 분명 이 글은, 조선혁명선언의 맨 첫머리 1장에 등장하는 "일본인들의 이주만 해마다 높은 비율로 증가하여"와 상통하는 말이다. 즉 경제적 착취를 위해 한반도에 벌 떼처럼 건너온 일본 이주민들은 결국 일제 식민 통치의 최일선 행동대들이기 때문에 이들 역시 축출의 대상으로 본 것이다. 지금도 여전히 정통 사학계의 저명 연구가들에 의해 근거도 없이 떠도는 "신채호는 일본 국민도 죽이라 했다."는 망언을 잠재우기 위해서라도 우리는 조선혁명선언을 제대로 읽어야 한다. 하긴 신채호를 비롯한 독립운동가에게 덧씌워진 거짓과 불명예의 모함이 어디 이뿐이랴마는….

낱말 풀이 ▪현저現著: '뚜렷이'라는 뜻으로 요즘 현저顯著와 같은 말이다.

▪대부對付: '대응하다'라는 뜻의 중국 한자.

5장

원문1 革命의 길은 破壞부터 開拓할지니라. 그렇나 破壞만 하랴고 破壞하는 것이 아니라 建設하랴고 破壞하는 것이니, 만일 建設할 줄을 모르면 破壞할 줄도 모를지며 破壞할 줄을 모르면 建設할 줄도 모를지니라.

번역문 혁명의 길은 파괴부터 개척할지니라. 그러나 파괴만 하려고 파괴하는 것이 아니라 건설하려고 파괴하는 것이니, 만일 건설할 줄 모르면 파괴할 줄도 모를 것이며, 파괴할 줄 모르면 건설할 줄도 모를지니라.

해설 조선혁명선언 5장에는 민중혁명의 구체적인 대상과 목적이 집약되어 있다.

우선 앞머리에는 민중혁명에 필수적 요소인 폭력에 대한 요체를 다시 정의한다. 민중혁명에서 폭력이란 곧 파괴를 의미하는데, 여기서 파괴란 낡은 것을 파괴하고 새로운 것을 건설하기 위한 파괴이기 때문에 파괴를 위해서는 폭력이 불가피하다는 주장을 펼친다. 폭력(파괴) 없이는 결코 민중혁명의 성공(건설)이 있을 수 없으므로, 폭력이란 단어가 지닌 대중적 경계심을 '건설적 파괴'를 위한 폭력으로 순화하고 있다.

원문2 建設과 破壞가 다만 形式上에서 보아 區別될 뿐이오 情神上에서는 破壞가 곳 建設이니, 이를테면 우리가 日本 勢力을 破壞하랴는 것이 第一은 異族統治를 破壞하자 함이다. 웨? 『朝鮮』이란 그 위에 『日本』이란 異族 그것이 專制하야 있으니, 異族 專制의 밑에 있는 朝鮮은 固有的 朝鮮이 아니니 固有的 朝鮮을 發見하기 爲하야 異族統治를 破壞함이니라.

번역문 건설과 파괴가 다만 형식적으로 보아 구별될 뿐이요 정신적으로는 파괴가 곧 건설이니, 이를테면 우리가 일본 폭력을 파괴하려는 것은, 제1은 이민족 통치를 파괴하자 함이다. 왜? "조선" 위에 "일본"이란 이민족이 군림하고 있으니, 이민족 전제정치 밑에 있는 조선은 고유의 조선이 아니니, 고유의 조선을 되찾기 위하여 이민족 통치를 파괴함이니라.

해설 새집을 지으려면 당연히 먼저 헌 집을 허물어야 한다. 헌 집을 부수는 파괴는 곧 새집을 짓기 위한 건설적인 파괴다. 그렇다면 민중혁명의 폭력으로 무엇을 파괴하고 무엇을 건설할 것인가? 5장에서 신채호가 주장하는 파괴와 건설의 대상은 모두 다섯 가지다.

첫째는 이민족의 침략 통치를 파괴하는 것이다. 조선이라는 민족 위에 일제라는 이민족이 군림하고 있으니 자주적인 고유의 조선을 다시 건설하기 위해서는 일제라는 이민족을 폭력으로 파괴해야만 하는 것이다. 여기에는 민족주의[54]가 바탕에 깔려 있다.

낱말 풀이 ▪이족통치異族統治: 다른 민족의 통치.

▪왜: 왜.

54 「독사신론」(1908), 「조선상고문화사」(1910년대 후반), 『조선상고사』(1920년대 초반), 『조선사연구초』(1925년 전후)로 이어지는 신채호의 역사 연구는 일제 항쟁 초기 '민족 대 민족'의 전선을 형성하기 위한 민족의 정체성과 자주성에 대한 탐구의 결과였다. 이를 신채호의 '민족사관'이라 부른다. 하지만 신채호의 민족 중심 대일 투쟁 방식은 3·1운동을 기점으로 민중 중심으로 옮겨진다. 따라서 조선혁명선언의 민중 직접혁명 이론은 민족해방운동의 기반 위에 아나키즘의 피압박 민중주의가 핵심 테제로 들어앉은 형태로 이해해야 한다.

원문3 第二는, 特權階級을 破壞하자 함이다. 웨? 『朝鮮民衆』이란 그 위에 總督이니 무엇이니 하는 强盜團의 特權階級이 壓迫하야 있으니, 特權階級의 壓迫 밑에 있는 朝鮮民衆은 自由的 朝鮮民衆이 아니니 自由的 朝鮮民衆을 發見하기 爲하야 特權階級을 打破함이니라.

번역문 제2는 특권계급을 파괴하자 함이다. 왜? "조선 민중" 위에 총독이니 무어니 하는 강도단의 특권계급이 압박하고 있으니, 특권계급의 압박 밑에 있는 조선 민중은 자유로운 조선 민중이 아니니, 자유로운 조선 민중을 발현하기 위하여 특권계급을 타파함이니라.

해설 둘째는 특권계급을 파괴하여 민중혁명의 기본 지향점인 자유롭고 평등한 사회를 구현하는 것이다. 조선 총독을 비롯하여 일제의 특권층이 조선 민중을 노예처럼 압박하고 있으니 그 조선의 압박 민중을 구원하기 위해 민중혁명이 필요하다는 것으로 아나키즘[55] 이론을 배경으로 하고 있다.

원문4 第三은 經濟掠奪制度를 破壞하자 함이다. 웨? 掠奪制度 밑에 있는 經濟는 民衆 自己가 生活하기 爲하야 組織한 經濟가 아니오 곳 民衆을 잡아먹으랴는 强盜의 살을 찌우기 爲하야 組織한 經濟니, 民衆生活을 發展하기 爲하야 經濟 掠奪制度를 破壞함이니라.

번역문 제3은 경제약탈제도를 파괴하자 함이다. 왜? 약탈 제도 밑에 있는

55 "단재 신채호, 심산 김창숙, 우당 이회영, 이 세 분은 모두 아나키스트 성향을 가진 분들이었다. 아나키즘은 무정부주의라고 잘못 번역되는 바람에 정부를 전복하는 무질서한 폭력적 사상처럼 오해되고 있지만, 아나키즘은 인간 세상의 불필요한 권력을 최소화하자는 사상이다." 도올 김용옥, 『계림수필』(2009).

경제는 민중 자신이 생활하기 위하여 조직한 경제가 아니요, 곧 민중을 잡아먹으려는 강도의 살을 찌우기 위하여 조직한 경제니, 민중 생활의 발전을 위하여 경제약탈제도를 파괴함이니라.

해설 의열단원 나석주羅錫疇(1892-1926)가 폭탄 공격을 감행했던 동양척식주식회사와 식산은행은 일제 식민 착취의 심장과 폐부였다. 조선 민중의 모든 노동의 산물은 이들 기관의 아가리로 빨려 들어갔다. 조선인 지주는 불과 3%로 전락하였고 농민은 대부분 몰락하였다. 비단 농업뿐만 아니라 전반적인 식민지 경제가 강도 같은 일제의 약탈에 희생당하고 있으므로 민중 생활의 발전을 위해 일제의 경제약탈제도를 파괴해야 하는 것이다.

원문5 第四는 社會的 不平均을 破壞하자 함이다. 웨? 弱者 以上에 强者가 있고 賤民 以上에 貴者가 있어 모든 不平均을 갖인 社會는 서로 掠奪, 서로 剝削, 서로 嫉妬仇視하는 社會가 되야, 처음에는 小數의 幸福을 爲하야 多數의 民衆을 殘害하다가 末竟에는 또 小數끼리 서로 殘害하야 民衆 全體의 幸福이 畢竟 數字上의 空이 되고 말 뿐이니, 民衆 全體의 幸福을 增進하기 爲하야 社會的 不平均을 破壞함이니라.

번역문 제4는 사회적 불균형을 파괴하자 함이다. 왜? 약자 위에 강자가 있고 천민 위에 귀족이 있어 모든 불균형을 가진 사회는 약탈, 착취, 질투, 멸시하는 사회가 되어, 처음에는 소수의 행복을 위하여 다수의 민중을 해치다가 나중에는 또 소수끼리 해치면서 민중 전체의 행복이 모두 사라지고 마는 것이니, 민중 전체의 행복을 증진하기 위하여 사회적 불평균을 파괴함이니라.

해설 평등은 현대 인류가 지향하는 최고의 정치 이념 가운데 하나라 할 수 있다. 이 부분을 신채호는 과거 계급사회에서 신분의 불균형으로 인한 약탈과 착취로부터 비판을 시작한다. 계급사회에서 민중의 삶을 침탈하는 주체는 최상류 극소수의 지배층이었다. 점차 그 지배층끼리 충돌하는 권력투쟁의 희생양으로 애꿎은 민중이 희생자가 되는 사회적 불균형을 파괴해야 한다고 주장한다. 전근대 통치 구조를 극복하려는 근대 민중혁명(반봉건 혁명)의 성격을 기반으로 하면서 더불어 반제국주의 혁명사상으로 확장을 꾀하고 있다.

낱말 풀이
- 박삭剝削: '껍질을 벗긴다'는 뜻의 중국어로 착취나 수탈과 같은 말이다.
- 질투구시嫉妬仇視: 질투하여 원수로 여김.
- 잔해殘害: '잔혹하게 상해를 가하다'는 뜻의 중국어.
- 말경末竟: 끝에 이르러. 마침내. 이 글에서는 필경畢竟과 혼용하였다.
- 숫자상數字上의 공空: 하나도 남지 않아 '0'이 됨.

원문6 第五는 奴隸的 文化思想을 破壞하자 함이다. 웨? 遺來하던 文化思想의 宗敎·倫理·文學·美術·風俗·習慣 그 어느 무엇이 强者가 製造하야 强者를 擁護하던 것이 아니더냐? 强者의 娛樂에 供給하던 諸具가 아니더냐? 一般 民衆을 奴隸化케 하던 痲醉劑가 아니더냐? 小數階級은 强者가 되고 多數 民衆은 돌이어 弱者가 되야 不義의 壓制를 反抗치 못함은 專혀 奴隸的 文化思想의 束縛을 받은 까닭이니, 만일 民衆的 文化를 提唱하야 그 束縛의 鐵鎖를 끊지 아니하면 一般 民衆은 權利思想이 薄弱하며 自由 向上의 興味가 缺乏하야 奴隷의 運命 속에서 輪廻할 뿐이라. 그렇므로 民衆文化를 提唱하기 爲하야 奴隷的 文化思想을 破壞함이니라.

번역문 제5는 노예적 문화사상을 파괴하자 함이다. 왜? 기존 문화사상의 종교, 윤리, 문학, 미술, 풍속, 습관 등은 모두 강자가 만들어 강자만을 옹호하던 것이 아니냐? 강자의 즐거움을 위하여 제공하던 도구들이 아니냐? 일반 민중을 노예로 만든 마취제가 아니냐? 소수 계급이 강자가 되고 다수 민중이 도리어 약자가 되어 불의의 압제에 저항하지 못함은 전적으로 노예적 문화사상의 속박 때문이다. 민중적 문화를 제창하여 그 속박의 쇠사슬을 끊지 않으면 일반 민중은 권리와 사상의 주장이 미약한 채로 자유 향상의 의지를 잃고 노예의 운명 속을 윤회할 뿐이다. 따라서 민중문화를 제창하기 위하여 노예적 문화사상을 파괴함이니라.

해설 앞의 '원문5'에서 주장한 "사회적 불균형을 파괴하자 함"과 같은 맥락으로 노예적인 문화사상, 즉 특수 계층이 전유물로 향유하고 있는 문화사상을 파괴하고자 하는 것이다. 계급사회에서는 지배자들끼리의 특수한 지배 방식을 공고히 하기 위해 종교, 윤리, 문학, 미술, 풍속, 습관 같은 모든 문화의 전반을 소수가 독점하며 지배자의 특권으로 상징화한다. 종교의 자유도 제한당하고 관혼상제 같은 예법도 차별을 두며, 문화예술은 감히 흉내를 내거나 교류조차 불가능하다. 이러한 전근대적인 노예적 문화사상을 타파하여 자유로우며 평등한 민중문화의 제창을 위한 민중 직접혁명을 주장하면서 '원문5'와 마찬가지로 반

일본 제국주의 혁명으로의 연속성을 내포하고 있다.

낱말 풀이 ▪제구諸具: 여러 가지 도구.

▪돌이어: 도리어.

▪철쇄鐵鎖: 쇠사슬.

▪박약薄弱: 부족하고 약함.

▪결핍缺乏: 빠지거나 모자람.

▪그렇므로: 그러므로.

원문7 다시 말하자면 『固有的 朝鮮의』 『自由的 朝鮮 民衆의』 『民衆的 經濟의』 『民衆的 社會의』 『民衆的 文化의』 朝鮮을 『建設』하기 爲하야 『異族 統治의』 『掠奪 制度의』 『社會的 不平均의』 『奴隸的 文化思想의』 現象을 打破함이니라.

번역문 다시 말하면, "고유적 조선의", "자유적 조선 민중의", "민중적 경제의", "민중적 사회의", "민중적 문화의" 조선을 건설하기 위하여 "이민족 통치의", "약탈 제도의", "사회적 불평균의", "노예적 문화사상의" 현상을 타파함이니라.

해설 조선혁명선언에서 민중 직접혁명의 결과로 이루려는 이상적인 국가가 구체적으로 표현된 가장 중요한 핵심 문장이다.

즉, 고유의 정체성을 잘 유지하는 주체적인 나라, 지배와 피지배가 없는 민중이 자유로운 나라, 특수 권력이나 기득권자들이 민중의 경제를 착취하지 않는 나라, 신분이나 계급이 존재하지 않고 일체 민중이 평등하게 주인인 나라, 민중이 문화의 생산과 향유를 자유롭게 주도하는 나라 등이다.

바로 이러한 국가의 건설을 열망하며 신채호는 '조선독립선언'이 아닌 조선혁명선언이라는 제목 아래 이토록 절절하게 민중 직접혁명의 목적과 과정을 서술한 것이다. 그리고 이러한 국가의 건설을 방해하는 일체 장애물을 혁명의 대상으로 규정하고 폭력으로 파괴하자고 역설한다. 책의 첫머리에서 밝힌 것처럼 이 글의 발표 시기는 1923년이다. 우리 근현대사 속에 존재하는 신채호가 왜 신채호인지 확연히 깨닫게 해주는 대목이다.

원문8 그런즉 破壞的 情神이 곳 建設的 主張이라, 나아가면 破壞의『칼』이 되고 들어오면 建設의『旗』가 될지니, 破壞할 氣魄은 없고 建設할 癡想만 있다하면 五百年을 經過하야도 革命의 꿈도 꾸어 보지 못할 지니라.

번역문 그리하여 파괴적 정신이 곧 건설적 주장이다. 나아가면 파괴의 "칼"이 되고 들어오면 건설의 "깃발"이 될지니, 파괴할 기백은 없고 건설하려는 치상癡想만 있다면 오백 년이 지나도 혁명은 꿈도 꾸어보지 못할 것이다.

해설 마침내 민중혁명의 기치가 바로 섰다. 밖으로는 혁명의 대오를 가로막는 것들을 파괴하기 위해 무기를 들고 진격하고, 안으로는 가장 이상적인 국가를 건설하기 위한 깃발 아래 민중혁명의 대오가 활기차게 움직인다. 신채호는 행여나 혁명의 장애물을 파괴하는 폭력이 무서워 꼬리를 감고 뒤로 숨은 채, 오로지 이상적인 국가가 저절로 건설되는 요행을 바라는 이들에게 일침을 가한다. "그런 바보 같은 생각으로는 5백 년이 지나도 혁명은 불가능하다."

낱말 풀이 ▪치상癡想: 어리석은 생각.

원문9 이제 破壞와 建設이 하나이오 둘이 아닌 줄 알진대, 民衆的 破壞 앞에는 반드시 民衆的 建設이 있는 줄 알진대, 現在 朝鮮民衆은 오즉 民衆的 暴力으로 新朝鮮 建設의 障碍인 强盜 日本 勢力을 破壞할 것뿐인 줄을 알진대, 朝鮮 民衆이 한편이 되고 日本 强盜가 한편이 되야 네가 亡하지 아니하면 내가 亡하게 된『외나무다리 위』에 선 줄을 알진대, 우리 二千萬 民衆은 一致로 暴力 破壞의 길로 나아갈지니라.

번역문 이제 파괴와 건설이 하나며 둘이 아닌 줄을 알진대, 민중적 파괴 앞에는 반드시 민중적 건설이 있는 줄을 알진대, 오늘의 조선 민중은 오로지 민중적 폭력으로 새로운 조선 건설의 장애물인 강도 일본 세력을 파괴해야 함을 알진대, 조선 민중이 한편이 되고 일본 강도가 한편이 되어, 네가 망하지 아니하면 내가 망하게 된 "외나무다리 위"에 선 줄을 알진대, 우리 이천만 민중이 하나로 폭력 파괴의 길로 나아갈지니라.

해설 조선혁명선언의 폭력과 파괴는 우리 근현대사를 주도했던 권력 집단에 의해 언제나 비현실적인 몽상 이론으로 대접받았다. 나아가 의열단과 더불어 잔인한 테러 집단의 불온 문서로 매도당하기 일쑤였다. 이 얼마나 억울한 일인가?

그러나 보라! 폭력적 파괴와 이상적 국가 건설이 왜 한 몸이어야 하는지, 일제를 축출하고 이상적인 조선을 건설하기 위해 정녕 어떻게 싸워야 했는지, 장차 그렇게 이룩한 새로운 대한민국이 어떤 역사를 따라

점점 살기 좋은 나라로 나아가야 했는지, 이렇듯 명료하게 분석하고 선명하게 길을 안내한 혁명가가 일찍이 우리 역사 속에 존재했는지?

원문10 民衆은 우리 革命의 大本營이다.
暴力은 우리 革命의 惟一 武器이다.
우리는 民衆 속에 가서 民衆과 携手하야
不絶하는 暴力 ― 暗殺·破壞·暴動으로써
强盜 日本의 統治를 打倒하고
우리 生活에 不合理한 一切 制度를 改造하야
人類로써 人類를 壓迫지 못하며, 社會로써 社會를 剝削지 못하는
理想的 朝鮮을 建設할지니라.

번역문 민중은 우리 혁명의 대본영이다.
폭력은 우리 혁명의 유일 무기다.
우리는 민중 속으로 가서 민중과 손을 잡고
끊임없는 폭력(암살, 파괴, 폭동)으로써
강도 일본의 통치를 타도하고,
우리 생활에 불합리한 일체 제도를 개조하여
인류가 인류를 압박하지 못하며
사회가 사회를 수탈하지 못하는
이상적 조선을 건설할지니라.

해설 마지막 문장은 의열단 선언의 대미를 장식하는 일종의 의열단 슬로건 slogan이다. 조선혁명선언의 내용을 잘 모르는 사람이라 할지라도 어지간한 한국 사람이라면 거의 다 들어본 적이 있을 만큼 유명한 문장

이다. 당시에도 조선혁명선언 전체를 관통하는 민중 직접혁명의 요체를 다 이해하지 못하는 사람이라 할지라도 이 문장에는 분명 가슴이 뛰었을 것이다.

피 끓는 청춘을 의열투쟁에 내던진 젊은이들의 가슴을 뜨겁게 달군, 그야말로 우리 근현대사 최고의 명문장이라 할 수 있다. 앞서 이미 여러 번 반복한 내용이니 사족 같은 덧말은 접어두고 다시 한 번 깊이 음미함으로써 마무리한다.

"사람이 사람을 억압하지 못하고, 사회가 사회를 수탈하지 못하는 이상적인 조선"은 지금 어디쯤 오고 있을까?

낱말 풀이 ▪대본영大本營: 천황 직속으로 최고 통수권을 행사하던 지휘부. 일본군이 사용하던 말이다.

▪휴수携手: 손을 잡고.

▪부절不絶: 끊이지 않음.

원문11 四千二百五十六年 一月 日

義烈團

번역문 4256년 1월 일

의열단

해설 단기 4256년은 1923년이다.

부록 1

단재 신채호 연보

단재 신채호 연보[56]

1880년(1세)

- 12월 8일(음력 11월 7일), 대전광역시에서 태어났다.

1882년(3세)

- 충북 청주시로 이사하였다.

1885년(6세)

- 가을, 조부 신성우가 낙향하여 이때부터 조부의 서당에서 한학을 배웠다.

1886년(7세)

- 부친 신광식이 향년 38세를 일기로 사망하였다.

1889년(10세)

- 『자치통감』을 해독하고, 행시行詩를 지을 정도의 한문 실력을 갖추었다.

1895년(16세)

- 풍양 조씨와 혼인하였다.
- 신병휴申秉休(신백우 부친)에게 사사하였다.

1896년(17세)

- 석헌石軒 신승구申昇求(1850-1932)에게 사사하였다.

56 이 연보는 저자가 오랜 작업을 통하여 점차 수정 보완한 것이므로 기존의 연보와 내용에 다소 차이가 있을 수 있다.

1897년(18세)

- 목천에 거주하던 양원陽園 신기선申箕善(1851-1909)에게 사사하였다.
- 문중 어른 신풍구의 회갑 축하연에서 「용파수연시」를 지었다.

1898년(19세)

- 가을, 신기선의 추천으로 성균관 경학과에 입학하였다.
- 독립협회 운동에 참여하였다.

1899년(20세)

- 형 신재호申在浩(1872-1899)가 어린 딸 '향란香蘭'을 남기고 28세로 요절하였다.

1901년(22세)

- 신규식이 향리에 설립한 고령 신씨 소안공파 문중 학교(훗날의 문동학교)에 교사로 참여하였다.

1904년(25세)

- 6월, 「전국황무지개간허차약안」 조인에 항의하는 「항일성토문」을 작성하여 외부대신 이하영, 참장 현영운 등의 매국 음모를 규탄하였다.
- 신백우가 향리에 설립한 고령 신씨 영성군파 문중 학교인 산동학당에 교사로 참여하였다.

1905년(26세)

- 4월, 성균관 박사로 임명되었으나 하루 만에 의원면직 되었다.
- 7월, 장지연의 초빙으로 〈황성신문〉 논설 기자가 되었다.
- 12월, 〈황성신문〉이 정간되자 〈대한매일신보〉에 「시일야우방성대곡是日也又放聲大哭」을 게재하였다.

1906년(27세)

- 복간된 〈황성신문〉을 맡아 운영하며 「희우가喜雨歌」(6월 30일자)와 「혈죽가血竹歌」(7월 7일자) 등을 게재하였다.

1907년(28세)

- 2월, 〈황성신문〉에 「담배를 끊어 국채를 갚자[斷煙報國債]」라는 논설을 게재하였다.
- 4월, 양기탁, 이동녕, 이회영, 이동휘, 안창호, 전덕기, 이갑, 이승훈 등과 함께 항일 비밀결사 조직인 신민회를 창립하였다.
- 7월, 〈황성신문〉 별보別報에 「국혼을 크게 부르세[大呼國魂]」라는 논설을 게재하였다. 이 기사는 일제의 검열로 후반부가 벽돌 문양으로 지워진 이른바 '벽돌신문'이다.
- 스승이자 아버지 역할까지 3역을 담당했던 조부 신성우가 79세를 일기로 사망하였다.
- 10월, 번역서 『이태리건국삼걸전』을 광학서포에서 발행하였다.
- 11월, 〈황성신문〉에서 〈대한매일신보〉로 자리를 옮겼다.
- 12월, 〈대한매일신보〉에 친일 신문인 〈국민신보〉와 〈대한신문〉을 비판하는 「초혼가招魂歌」를 게재하였다.

1908년(29세)

- 1월, 여성 계몽을 위해 순 한글 잡지 『가정잡지』를 발행하였다.
- 〈대한매일신보〉에 논설 「일본의 삼대충노三大忠奴」, 「여우인절교서與友人絶交書」, 「금일今日 대한국민의 목적지」, 「영웅과 세계」, 「편고승려동포遍告僧侶同胞」, 「가족교육의 전도前途」 등을 게재하고, 사론 「역사에 대한 관견이칙管見二則」, 「독사신론讀史新論」, 역사 전기물인 「수군제일위인水軍第一偉人 이순신전李舜臣傳」 등을 연재하였다.
- 4월부터 〈대한협회월보〉에 「대한의 희망」, 「역사와 애국심의 관계」, 「대아大我와 소아小我」, 「성력誠力과 공력功力」 등 논설을 발표하였다.
- 5월, 국한문판 『을지문덕』을 광학서포에서 발행하였다.
- 8월, 〈기호흥학회월보〉에 「기호흥학회는 하유何由로 기起하였는가」, 「문법을 선통일宣統一」 등을 발표하였다.
- 삼청동 자택에서 부인과 함께 조카 신향란을 양육했으며, 아들 관일貫日이 태어났다.

1909년(30세)

- 〈대한매일신보〉에 논설 「학생계學生界의 특색」, 「석호惜乎라 우용택禹龍澤씨의 국민」, 「대한 양마보兩魔報의 응견鷹犬됨이여」, 「한국자치제의 략사」, 「국가를 멸망케

하는 학부學部」, 「신身·가家·국國 삼관념三觀念의 변천變遷」, 「정신상精神上 국가」 등과, 역사 전기물 「동국거걸東國巨傑 최도통전崔都統傳」, 시론 「천희당시화天喜堂詩話」를 연재 발표하였다.

- 8월, 윤치호, 안창호, 최남선 등과 신민회의 공개 조직인 청년학우회를 발기하고 그 취지서를 집필하였다.
- 부인의 모유가 부족하여 사다 준 연유를 잘못 먹여 체한 아들이 사망하자 이 일을 계기로 논 다섯 마지기를 주고 이혼하였다.

1910년(31세)

- 〈대한매일신보〉에 사론 「동국고대선교고東國古代仙教考」, 논설 「한일 합병론자에게 고함」, 「이십세기 신국민」 등을 발표하였다.
- 「독사신론」의 내용이 일부 수정, 삭제, 가필되어 최남선에 의해 『소년少年』 제3권에 「국사사론國史私論」이란 제목으로 발표되었다.
- 〈대한매일신보〉에 「섣달 그믐밤에 벗을 만나 회포를 적음」이란 한시와 「철퇴가」란 산문시를 실었다.
- 4월, 국치를 예감하고 신민회 서울 최종 회의의 결의에 따라 망명길에 나섰다. 처음에는 안창호, 김지간, 정영도 등과 함께 배편을 이용하여 망명을 시도하였으나 심한 멀미로 실패하였다.
- 5월 하순, 평북 정주 오산학교를 거쳐 신의주까지 육로로 와서 배로 압록강을 건넜다. 이때 안정복의 『동사강목』 한 질을 휴대하였다.
- 6월, 청도회의에 참여하였다.
- 8월, 블라디보스토크에 도착하여 〈대동신보大東新報〉에 논설을 게재하였다.

1911년(32세)

- 블라디보스토크에서 광복회를 조직하여 부회장으로 활동하였다.
- 교포 신문인 〈대양보大洋報〉가 창간되자 주필로 활동하였다.
- 12월, 교민 단체인 권업회 창립에 참여하였다.

1912년(33세)

- 5월, 권업회 기관지 〈권업신문〉을 창간하여 주필이 되었다.

- 8월 29일, 국치일을 맞아 「이날」이라는 시가 형태의 논설을 〈권업신문〉에 실었다.

1913년(34세)

- 블라디보스토크에 체류하는 동안 심한 위장병으로 고생하였다.
- 8월, 상해로 자리를 옮겼다.
- 동제사에서 활동하는 한편, 박은식, 문일평, 정인보, 조용은 등과 박달학원에서 강의하였다.
- 김규식과 이광수에게 영어를 배웠다.

1914년(35세)

- 윤세용, 윤세복 형제의 초청으로 만주 환인의 동창학교에서 교사로 활동하였다. 교재로 『조선사朝鮮史』를 집필하였는데 이 책은 현재 전하지 않는다.
- 5월, 단오를 맞아 이탁, 윤세용 등 동지들과 모여 시회를 열었다.
- 안희제, 서상일, 남형우 등이 단동에서 대동청년단大東靑年團을 재조직하여 신채호를 단장으로 추대하였다. 대동청년단 단원들과 함께 광개토대왕릉을 비롯하여 만주 일대 고구려 유적을 답사하였다.
- 윤세복, 신백우, 김사, 이길용 등과 함께 백두산에 올랐다. 한시 「백두산도중白頭山途中」을 지었다.
- 세모를 전후하여 북경으로 자리를 옮겼다.

1916년(37세)

- 3월, 중편소설 「꿈하늘[夢天]」을 창작하였다.
- 8월 15일, 대종교 도사도都司徒 나철이 구월산에서 자결하자 「도제사언문悼祭四言文」을 지었다. 이 작품은 현재 전하지 않는다.

1917년(38세)

- 조카 신향란의 혼사 문제로 밀입국하여 진남포에 들렀다가 서울에서 요절한 제자 김기수(대동청년단 단원)의 죽음을 애도한 후 북경으로 돌아왔다.
- 상해에서 신규식, 조용은, 신석우, 박용만, 홍명희 등 14인이 서명 발표했던 「대동단결선언大同團結宣言」에 참여하였다.

1918년(39세)

- 북경의 보타암普陀庵과 석등암石燈庵에 머물면서 고대사 연구에 전념하는 한편, 중국의 〈중화신보中華新報〉와 〈북경일보北京日報〉 등에 논설을 기고하였다.
- 남양군도를 여행하고 북경으로 온 벽초 홍명희와 보름 남짓 함께 지냈다.

1919년(40세)

- 2월, 만주 길림吉林에서 독립운동가 39명의 서명으로 발표한 「대한독립선언서」에 참여하였다.
- 3월, 북경에서 조직한 대한독립청년단(일명 학생단)의 단장이 되었다.
- 4월, 상해 대한민국임시정부 수립에 임시의정원 의원으로 참여하였으며, 한성정부의 평정관評定官에 선임되었다.
- 7월, 임시의정원 제5차 회의에서 전원위원회 위원장에 선출되었다.
- 8월, 임시의정원 초기부터 이승만의 국제연맹 위임통치 청원 문제로 갈등을 빚어오다 제6차 의정원 회의에서 이승만이 대통령으로 인준되자 의정원 의원 및 전원위원회 위원장을 사임하였다.
- 10월, 주간신문 〈신대한新大韓〉을 창간하여 주필이 되었다. 이후 임정의 외교 노선에 대하여 비판하고, 특히 이승만의 위임통치 청원과 대통령 선임 문제, 구미위원회의 비리 등을 신랄하게 비판하였다.

1920년(41세)

- 4월, 북경에서 박용만, 김창숙 등과 제2차보합단에 참여하여 내임장이 되었다.
- 4월, 이회영의 부인 이은숙의 주선으로 당시 26세의 박자혜朴慈惠(1895-1943)와 결혼하였다.
- 6월, 박용만, 유동렬 등과 함께 노령 수분하綏芬河를 다녀왔다.
- 9월, 무장 독립군을 통합하기 위한 군사통일촉성회 발기인으로 참여하였다.

1921년(42세)

- 1월, 순 한문 잡지 『천고天鼓』를 창간 발행하였다.
- 1월 15일, 장남 수범秀凡이 출생하였다.
- 4월 19일, 김창숙, 이극로, 김원봉 등 54명의 연서로 「성토문」을 작성하여 이승만의

국제연맹 위임통치 청원을 규탄하였다.
- 5월 21일, 김정묵, 박봉래 등과 통일책진회를 발기하고, 그 취지서를 발표하였다.

1922년(43세)
- 봄, 중국인 아나키스트이자 북경대 교수인 이석증李石曾(1881-1973)과 교유하였다. 이 밖에도 오치휘吳稚暉, 노신魯迅, 주작인周作人 등과 친분을 맺었다.
- 여름, 부인과 아들을 귀국시키고 홀로 독립운동과 고대사 연구 및 집필에 몰두하였다.
- 새로운 임시정부의 구성과 독립 노선을 확립하기 위해 국민대표회의를 추진하였다.
- 한시 「추야술회秋夜述懷」를 지었다.
- 12월, 의열단장 김원봉의 청탁으로 상해에서 「조선혁명선언」을 집필하였다.

1923년(44세)
- 1월, 「조선혁명선언」(의열단 선언)을 발표하였다.
- 1월부터 상해에서 6개월간 진행된 국민대표회의가 개조파와 창조파의 대립으로 성과 없이 끝나자 매우 절망하였다.

1924년(45세)
- 1월 1일, 〈동아일보〉에 논문 「조선고래朝鮮古來의 문자文字와 시가詩歌의 변천」을 발표하였다.
- 3월 10일, 북신교北新桥 인근 관음사觀音寺에 들어가 수계를 받고 이후 61일 동안 승려 생활을 하였다. 불가의 의례와 규칙에 따라 새벽 2시에 일어나 오후 10시까지 배례하는 고행 수도를 하였는데 이때 북경 교외 상방산上方山 도솔사兜率寺와 홍라산紅螺山 홍라사紅螺寺를 순례하였다.
- 여름, 논문 「전후삼한고前後三韓考」와 「조선사朝鮮史 총론總論」 등을 집필하였고, 「육십일일계단六十一日戒壇의 회고懷古」, 「무제無題」 등의 시를 지었다.
- 10월, 홍명희의 주선으로 〈동아일보〉에 「문제없는 논문」, 「고사상古史上 이두문吏讀文 명사해석법名詞解釋法」 등을 게재하였다.
- 북경의 신흥무관학교 출신 모임 신흥학우회가 주동이 되어 만든 다물단의 선언문을 지었다.(다물단 선언문은 지금 전하지 않는다.)

- 최남선이 운영하는 〈시대일보〉에서 귀국을 요청하였으나 거절하였다.
- 이 무렵 이석증의 주선으로 고궁도서관(자금성 도서관)에 소장 중인 『사고전서四庫全書』를 열람하였다.

1925년(46세)

- 안질이 악화하였다.
- 〈동아일보〉에 「낭객浪客의 신년만필新年漫筆」을 발표하고, 고대사 논문 「삼국사기중三國史記中 동서양자상환고증東西兩字相換考證」, 「삼국지三國志 동이열전교정東夷列傳校正」, 「평양패수고平壤浿水考」 등을 연재하였다.
- 3월, 다물단과 의열단이 연합하여 밀정 김달하를 처단하였다.
- 가을, 〈시대일보〉에 「전후삼한고」를 연재하였다.

1926년(47세)

- 여름, 대만인 임병문林炳文의 소개로 무정부주의자동방연맹에 가입하였다.

1927년(48세)

- 2월, 홍명희의 요청으로 신간회 발기인이 되어 창립총회에서 중앙위원으로 선출되었다.
- 2월, 안질이 더욱 악화하자 부인과 아들이 북경에 와서 한 달 동안 함께 지냈다.
- 연말에 차남 두범斗凡이 출생하였다.

1928년(49세)

- 1월 1일, 〈조선일보〉에 논설 「예언가豫言家가 본 무진戊辰」을 기고하였다.
- 소설 「용龍과 용龍의 대격전」을 창작하였다.
- 4월, 천진에서 한국인 아나키스트대회를 개최하였다. 이 대회에서 신채호가 작성한 「선언문」을 채택하는 한편, 잡지를 발행하여 아나키즘을 선전하고 적의 기관을 파괴할 것을 결의했다. 자금 마련을 위해 북경 우무관리국에 근무하는 대만인 임병문과 함께 외국환 위체의 위조 및 환전을 계획하였다.
- 4월 25일, 마지막으로 북경을 떠났다.
- 5월 5일, 일본 문사(모지)에서 대만 기륭으로 가는 항춘환恒春丸에 승선하였다.

- 5월 8일, 기륭우편국에서 중국인 유문상 명의로 위체 지급청구서에 날인하고 현금 수령을 기다리다 기륭경찰서 형사에게 피체되었다. 기륭경찰서에서 일차 조사를 받고 대련으로 압송되어 '외국위체위조사건', 또는 '무정부주의자동방연맹사건'의 관련자로 대련형무지소에 수감되었다.
- 7월 17일 오전 10시 20분, 대련 관동청지방법원關東廳地方法院에서 신채호 단독으로 첫 번째 재판이 열렸다.
- 10월 24일, 국내 신간회에서 파견한 이관용李灌鎔이 대련형무지소 독방에 갇힌 신채호를 면회하였다.
- 12월 13일, 다른 동지들과 병합 이후 제1차 재판이 열렸다.

1929년(50세)

- 2월 7일, 제2차 재판이 열렸으며, 죄명이 '치안유지법위반, 유가증권 사기 위조 동행사, 살인 및 사체유기'로 바뀌었다.
- 4월 4일, 제3차 재판이 열렸다.
- 6월, 홍명희에 의해 고대사 논문 6편이 서울 조선도서주식회사에서 『조선사연구초朝鮮史研究艸』란 제목으로 발행되었다.
- 7월 4일, 제4차 재판이 열렸다. 이때 신채호의 변호사가 신채호를 분리하여 단독으로 재판할 것을 요청하였으나 검사의 반대로 채택되지 않았다.
- 10월 3일, 제5차 재판이 열렸다. 관서흑우회關西黑友會에서 대표 채은국蔡殷國을 파견하는 등 동포들의 방청이 많아 경계가 삼엄하였다.

1930년(51세)

- 3월 13일, 징역 7년이 구형되었다.
- 4월 13일, 징역 10년이 선고되었으나 신채호는 복심(항소)을 포기하였다.
- 4월 28일, 여순감옥으로 이감되었다.

1931년(52세)

- 안재홍에 의해 〈조선일보〉 학예란에 「조선사朝鮮史」(1948년 단행본 출간 때 『조선상고사朝鮮上古史』로 제목을 바꿈)와 「조선상고문화사朝鮮上古文化史」가 연재되었다.
- 11월 16일, 〈조선일보〉 신의주 특파원 신영우가 면회하였다.

1932년(53세)

- 11월 17일, 평생의 동지였던 우당 이회영이 신채호가 갇혀 있는 여순감옥 고문실에서 순국하였다.

1936년(57세)

- 2월 18일, 뇌출혈로 의식을 잃었다.
- 2월 21일(음력 1월 28일), 여순감옥으로 달려온 부인과 아들이 의식 없는 상태의 신채호를 면회하고 나온 뒤, 오후 4시 무렵 홀로 순국하였다.
- 2월 23일 오전, 여순감옥 화장터에서 화장하였다.
- 23일 대련을 출발하여 24일 오후 3시 유해가 서울역에 도착하였다. 안재홍, 정인보, 홍명희, 원세훈, 신석우, 여운형, 권동진 등 각계 인사가 마중 나와 조문하였다. 조치원까지 기차로 이동하고, 조치원에서 택시를 타고 한밤중에 청주 신백우 집에 도착하였다.
- 일제 '민사령'에 의거한 호적이 없었기에 매장 허가가 나지 않아 충북 청주시 상당구 낭성면 귀래리 옛 서당터에 암장하였다.

신채호 사후

1941년

- 한용운, 오세창, 신백우 등이 주동하여 비로소 성분하고 오세창이 쓴 묘비를 세웠다.

1942년

- 차남 신두범이 16세를 일기로 사망하였다.

1943년

- 부인 박자혜가 49세를 일기로 사망하였다.

1962년

- 건국훈장 대통령장이 추서되었다.

1986년

- 6월 26일, 장남 신수범이 서울가정법원에 제출했던 호적 정정 신청이 허가되어 호적에 처음으로 신채호의 이름이 올라갔다. 이전까지 신수범의 아버지 항목은 아무 기록 없이 비어 있었다.

1991년

- 장남 신수범이 71세를 일기로 사망하였다.

2009년

- 3월 18일, 서울가정법원이 국가보훈처에서 제출한 '가족관계등록창설 허가 신청'을 받아들여 신채호 등 62명의 독립유공자에 대한 가족관계등록부 창설을 허가함으로써 비로소 대한민국 국적이 회복되었다.

2021년

- 12월 20일, 「부동산소유권 이전등기 등에 관한 특별조치법」(법률 제16913호)에 의해 신채호 묘소 주변의 토지가 110년 만에 후손에게 등기 상속되었다.

부록 2

조선혁명선언 영인본

조선혁명선언 영인본

1923년 1월 발표된 조선혁명선언 영인본이다. 이 원본은 오른쪽에서 왼쪽으로 한 장씩 넘어가며 전체 25쪽에 이르는 손에 잡히는 크기의 소책자였다. 이 책에서는 다만 원본의 형태를 보여주기 위한 목적이므로 제작 편의상 가로로 돌려서 싣는다.

朝鮮革命宣言

朝鮮革命宣言

一

强盜日本이, 우리의國號를없이하며우리의政權을빼앗으며우리의生存的必要條件을다剝奪하엿다 經濟의生命인山林、川澤、鐵道、礦山、漁場……乃至小工業原料까지다빼앗어一切의生産機能을칼로버이며독기로끈고 土地稅、家屋稅、人口稅、家畜稅、百一稅、地方稅、酒草稅、肥料稅、種子稅、營業稅、淸潔稅、所得稅……其他各種雜稅가逐日增加하야血液은잇는대로 다빨아가고 如干商業家들은日本의製造品을朝鮮人에게媒介하는中間人이되야차차資本集

中의原則下에서滅亡할뿐이오大多數人民곳一般農民들은피땀을흘니어土地를갈아그終年所得으로一身과妻子의糊口거리도남기지못하고 우리를잡아먹으랴는日本强盜에게進供하야그살을찌워주는永世의牛馬가될뿐이오乃終에는그牛馬의生活도못하게日本移民의輸入이年年高度의速率로增加하야「딸깍발이」등쌀에우리民族은발드딀땅이없어山으로물로西間島로北間島로西比利亞의荒野로몰니어가 餓鬼부터流鬼가될뿐이며

强盜日本이 憲兵政治、警察政治를勵行하야 우리民族이寸步의行動도任意로못하고 言論、出版、結社、集會의一切自由가없어苦痛과憤恨이잇으면벙어리의가슴이나만질뿐이오幸福과自由의世界에는눈뜬소경이되고 子女가나면

에 日語를國語라 日文을國文이라」하는奴隸養成所—學校로
보내고 朝鮮사람으로或朝鮮歷史를읽게된다하면、「檀君을
誣하야素戔嗚尊의兄弟라」하며「三韓時代漢江以南은日本
領地라」한日本놈들의적은대로읽게되며 新聞이나雜誌를
본다하면强盜政治를讚美하는半日本化한奴隸的文字뿐이며
똑똑한子弟가난다하면環境의壓迫에서厭世絶望의墮落者가
되거나그렇지않으면「陰謀事件」의名稱下에監獄에拘留되
야 周牢、枷鎖、단금질、챗직질、電氣질、바늘로손톱밑
、발톱밑을쑤시는、手足을달아매는、코구멍에물붓는、生
殖器에심지를박는모든惡刑곳野蠻專制國의刑律辭典에도없
는가진惡刑을다당하고죽거나僥倖히살아서獄門에나온대야
終身不具의廢疾者가될뿐이라 그렇지않을지라도發明創作

의本能은生活의困難에서斷絶하며進取活潑의氣象은境遇의
壓迫에서消滅되야「찍도짹도」못하게各方面의束縛、鞭笞
、驅迫、壓制를받아環海三千里가一個大監獄이되야우리民
族은아조人類의自覺을잃을뿐아니라곳自動的本能까지잃어
奴隸부터機械가되야强盜手中의使用品이되고말뿐이며
强盜日本이 우리의生命을草芥로보아 乙巳以後十三道
의義兵나던各地方에서日本軍隊의行한暴行도이로다적을수
없거니와即最近三一運動以後水原、宣川……等의國內各地
부터北間島、西間島、露領沿海州各處까지到處에居民을屠
戮한다 村落을燒火한다、財産을掠奪한다 婦女를汚辱한
다 목을끊는다 산채로묻는다 불에살은다 或一身을두
동가리세동가리에내여죽인다 兒童을惡刑한다 婦女의生

殖器를破壞한다하야 할수잇는대까지慘酷한手段을쓰어서
恐怖와戰慄로우리民族을壓迫하야 人間의「산송장」을맨
들랴하는도다

以上의事實에據하야 우리는日本强盜政治곳異族統治가
우리朝鮮民族生存의敵임을宣言하는同時에 우리는革命手
段으로 우리生存의敵인强盜日本을殺伐함이곳우리의正當
한手段임을宣言하노라

二

內政獨立이나 參政權이나 自治를運動하는者—누구이
냐?

너희들이「東洋平和」「韓國獨立保全」等을擔保한盟約이

墨도말으지아니하야 三千里疆土를집어먹던歷史를잊엇느
냐?「朝鮮人民生命財産自由保護」「朝鮮人民幸福增進」等
을申明한宣言이 땅에떠러지지아니하야二千萬의生命이地
獄에빠지던實際를못보느냐?三一運動以後에强盜日本이또
우리의獨立運動을緩和식히랴고 宋秉畯、閔元植等一二賣
國奴를식히어이따위狂論을부름이니 이에附和하는者—盲
人이아니면어찌奸賊이아니냐?

設或强盜日本이 果然寬大한度量이잇어慨然히此等의要
求를許諾한다하자 所謂內政獨立을찾고各種利權을찾지못
하면朝鮮民族은一般의餓鬼가될뿐이아니냐?參政權을獲得
한다하자 自國의無産階級의血液까지搾取하는資本主義强
盜國의殖民地人民이되야幾個奴隸代議士의選出로어찌餓死

의禍를救하겠느냐? 自治를얻는다하자 그何種의自治임을 勿問하고日本이그强盜的侵略主義의招牌인『帝國』이란名稱이存在한以上에는 그附屬下에있는朝鮮人民이어찌區區한自治의虛名으로써 民族的生存을維持하겠느냐?

設或强盜日本이 突然히佛菩薩이되야一朝에總督府를撤廢하고各種利權을다우리에게還付하며內政外交를다우리의自由에맡기고日本의軍隊와警察을一時에撤還하며日本의移住民을一時에召還하고다만虛名의宗主權만갖인다할지라도 우리가萬一過去의記憶이全滅하지아니하얏다하면 日本을宗主國으로奉戴한다함이『恥辱』이란名詞를아는人類로는 못할지니라

日本强盜政治下에서 文化運動을부르는者一누구이냐?

文化는産業과文物의發達한總積을가르치는名詞니 經濟掠奪의制度下에서生存權이剝奪된民族은 그種族의保全도疑問이거든하믈며文化發展의可能이있으랴? 衰亡한印度族、猶太族도文化가있다하지만一은金錢의力으로그祖先의宗敎的遺業을繼續함이며一은그土地의廣과人口의衆으로上古의自由發達한餘澤을保守함이니 어대蚊虻같이豺狼같이人血을빨다가骨髓까지깨무는强盜日本의입에물닌朝鮮같은대서文化를發展或保守한前例가있던냐? 檢閱、押收모든壓迫中에幾個新聞雜誌를갖이고「文化運動」의木鐸으로自鳴하며强盜의脾胃에거슬이지아니할만한言論이나主唱하야 이것을文化發展의過程으로본다하면 그文化發展이돌이어朝鮮의不幸인가하노라

以上의理由에依하야 우리는우리의生存의敵인强盜日本과妥協하랴는者(內政獨立、自治、參政權等論者)나 强盜政治下에서寄生하랴는主義를가진者(文化運動者)나다우리의敵임을宣言하노라

三

强盜日本의驅逐을主張하는가운대 또如左한論者들이잇스니

第一은外交論이니 李朝五百年文弱政治가「外交」로써護國의長策을삼아 더욱그末世에尤甚하야 甲申以來維新黨、守舊黨의盛衰가 거의外援의有無에서判決되며爲政者의政策은오직甲國을引하야乙國을制함에不過하얏고 그依

賴의習性이一般政治社會에傳染되야即甲午甲辰兩戰役에日本이累十万의生命과累億万의財産을犧牲하야淸露兩國을물니고朝鮮에對하야强盜的侵略主義를貫徹하랴하는대 우리朝鮮의「祖國을사랑한다民族을건지랴한다」하는이들은一劍一彈으로昏庸貪暴한官吏나國賊에게 던지지못하고 公函이나列國公館에던지며長書나日本政府에보내야國勢의孤弱을哀訴하야國家存亡、民族死活의大問題를外國人、甚至於敵國人의處分으로決定하기만기다리엇도다 그래서「乙巳條約」「庚戌合併」곳「朝鮮」이란일홈이생긴뒤몃千年만의처음當하던恥辱에朝鮮民族의憤怒的表示가겨우哈爾濱의총、鍾峴의칼、山林儒生의義兵이되고말엇도다 아 過去數十年歷史야말로勇者로보면唾罵할歷史가될뿐이며仁者로

보던僞心할歷史가될뿐이다 그리고도國亡以後海外로나아가는某某志士들의思想이무엇보다도먼저 「外交」가그第一章第一條가되며國內人民의獨立運動을煽動하는方法도 「未來의日美戰爭·日露戰爭等機會」가거의千篇一律의文章이엇섯고 最近三一運動에一般人士의 「平和會議·國際聯盟」에對한過信의宣傳이도리어二千萬民衆의奮勇前進의意氣를打消하는媒介가될뿐이엇도다

第二는準備論이니 乙巳條約의當時에列國公館에 비발덧듯하던조희쪽으로넘어가는國權을붓잡지못하며丁未年의海牙密使도獨立恢復의福音을안고오지못하매 이에차차外交에對하야疑問이되고戰爭아니면안되겟다는判斷이생기엇다 그러나軍人도업고武器도업시 무엇으로써戰爭하겟느

냐? 山林儒生들은春秋大義에成敗를不計하고義兵을募集하야峨冠大衣로指揮의大將이되며 산양砲手의火繩隊를몰아갖이고朝日戰爭의戰鬪線에나섯지만新聞쪽이나본이들—곳時勢를斟酌한다는이들은 그리할勇氣가아니난다 이에「今日今時로곳日本과戰爭한다」는것은妄發이다 총도작만하고 돈도작만하고 大砲도작만하고 將官이나士卒가음까지라도다작만한뒤에야日本과戰爭한다」함이니 이것이이른바準備論곳獨立戰爭을準備하자함이다 外勢의侵入이더할사록 우리의不足한것이작구感覺되야 그準備論의範圍가戰爭以外까지擴張되야敎育도振興하야겟다 商工業도發展하야겟다 其他무엇무엇一例가모다準備論의部分이되엿섯다 庚戌以後各志士들이或西北間島의森林을더듬으며

或西比利亞의찬바람에배부르며或南北京으로돌아단이며或美洲나「하와이」로들어가며或京鄕에出沒하야十餘年內外各地에서 목이터질만치準備! 準備! 를불넛지만 그所得이몃개不完全한學校와實力업는會뿐이엇섯다 그러나그들의誠力의不足이아니라實은그主張의錯誤이다 强盜日本이 政治經濟兩方面으로驅迫을주어經濟가날로困難하고生産機關이全部剝奪되야衣食의方策도斷絶되는때에무엇으로? 어떠케? 實業을發展하며? 敎育을擴張하며? 더구나어대서? 얼마나? 軍人을發成하며? 發成한들日本戰鬪力의百分之一의比較라도되게할수잇느냐? 實로一場의잠고대가될뿐이로다

以上의理由에依하야 우리는「外交」「準備」等의迷夢을

바리고民衆直接革命의手段을取함을宣言하노라

四

朝鮮民族의生存을維持하자면强盜日本을驅逐할지며 强盜日本을驅逐하자면오즉革命으로써할뿐이니 革命이아니고는强盜日本을驅逐할方法이업는바이다

그러나 우리가革命에從事하랴면어느方面부터着手하겟나뇨?

舊時代의革命으로말하면人民은國家의奴隸가되고 그以上에人民을支配하는上典곳特殊勢力이잇서 그所謂革命이란것은特殊勢力의名稱을變更함에不過하얏다 다시말하자면곳「乙」의特殊勢力으로「甲」의特殊勢力을變更함에不過하

잇다 그럼으로人民은革命에對하야다만甲乙兩勢力곳新舊
兩上典의孰仁、孰暴、孰善、孰惡을보아 그向背를定할뿐
이오直接의關係가업섯다 그리하야「誅其君而吊其民」이
革命의唯一宗旨가되고「簞食壺漿以迎王師」가革命史의唯
一美談이되엿섯거니와今日革命으로말하면民衆이곳民衆自
己를爲하야하는革命인故로「民衆革命」이라「直接革命」이
라稱함이며民衆直接의革命인故로그沸騰膨脹의熱度가數字
上强弱比較의觀念을打破하며그結果의成敗가매양戰爭學上
의定軌에逸出하야無錢無兵한民衆으로百萬의軍隊와億萬의
富力을가진帝王도打倒하며外寇도驅逐하나니 그럼으로우
리革命의第一步는民衆覺悟의要求니라

民衆이어떻게覺悟하느냐?

民衆은神人이나聖人이나어떤英雄豪傑이잇어「民衆을覺悟」하도록指導하는대서覺悟하는것도아니오「民衆아覺悟하자」「民衆이여覺悟하여라」그런熱叫의소리에서覺悟하는것도아니오

오즉民衆이民衆을爲하야 一切不平不自然不合理한民衆向上의障礙부터먼저打破함이 곳「民衆을覺悟케」하는唯一方法이니 다시말하자면곳先覺한民衆이民衆의全體를爲하야革命的先驅가됨이民衆覺悟의第一路니라

一般民衆이 飢、寒、困、苦、妻呼、兒啼、稅納의督捧、私債의催促、行動의不自由모든壓迫에졸니어 살랴니살수업고 죽으랴하야도죽을바를모르는판에萬一그壓迫의主因되는强盜政治의施設者인强盜들을擊斃하고强盜의一切施

說을破壞하고福音이四海에傳하며萬衆이同情의눈물을뿌리어 이에人人이그「餓死」以外에오히려革命이란一路가남아잇음을깨닷아 勇者는그義憤에못이기어弱者는그苦痛에못견대어 모다이길로모아들어繼續的으로進行하며普遍的으로傳染하야擧國一致의大革命이되면奸猾殘暴한强盜日本이必竟驅逐되는날이라 그럼으로우리의民衆을喚醒하야强盜의統治를打倒하고 우리民族의新生命을開拓하자면養兵十万이一擲의炸彈만못하며億千張新聞雜誌가一回의暴動만못할지니라

民衆의暴力的革命이發生치아니하면已어니와 이미發生한以上에는마치懸崖에서 굴니는돌과갓하야目的地에到達하지아니하면停止하지안는것이라 우리已往의經過로말하

면甲申政變은特殊勢力이特殊勢力과싸우던宮中一時의活劇이될뿐이며庚戌前後의義兵들은忠君愛國의大義로激起한讀書階級의思想이며安重根、李在明等烈士의暴力的行動이熱烈하얏지만그後面에民衆的力量의基礎가업섯스며三一運動의萬歲소리에民衆的一致의意氣가暫現하엿지만또한暴力的中心을갓지못하엿도다 「民衆、暴力」兩者의其一만빠지면 비록轟烈壯快한擧動이라도또한雷電갓이收束하는도다

朝鮮안에强盜日本의製造한革命原因이 산갓이싸히엇다 인제든지民衆의暴力的革命이開始되야「獨立을못하면살지안흐리라」「日本을驅逐하지못하면물너서지안흐리라」는口號를갓이고繼續前進하면目的을貫徹하고야말지니 이는

警察의칼이나 軍隊의총이나 奸猾한政治家의手段으로도막지못하리라

革命의記錄은自然히慘絶壯絶한記錄이되리라 그러나물러서면그後面에는黑暗한陷穽이오 나아가면그前面에는光明한活路니 우리朝鮮民族은그慘絶壯絶한記錄을그리면서나아갈뿐이니라

이제暴力—暗殺、破壞、暴動—의目的物을大略列擧하건대

一、朝鮮總督及各官公吏
二、日本天皇及各官公吏
三、偵探奴、賣國賊
四、敵의一切施設物

此外에各地方의紳士나富豪가 비록現著히革命運動을妨害한罪가없을지라도 만일言語或行動으로우리의運動을緩和하고中傷하는者는우리의暴力으로써對付할지니라 日本人移住民은日本强盜政治의機械가되야朝鮮民族의生存을威脅하는先鋒이되야있은즉 또한우리의暴力으로驅逐할지니라

五

革命의길은破壞부터開拓할지니라 그러나破壞만하랴고破壞하는것이아니라 建設하랴고破壞하는것이니 만일建設할줄을모르면破壞할줄도모를지며破壞할줄을모르면建設할줄도모를지니라 建設과破壞가다만形式上에서보아區別

될뿐이오精神上에서는破壞가곳建設이니 이를터면우리가日本勢力을破壞하랴는것이 第一은異族統治를破壞하자함이다 웨? 『朝鮮』이란그위에『日本』이란異族그것이專制하야있으니異族專制의밑에있는朝鮮은固有的朝鮮이아니니 固有的朝鮮을發見하기爲하야異族統治를破壞함이니라 第二는特權階級을破壞하자함이다 웨? 『朝鮮民衆』이란그위에總督이니무엇이니하는强盜團의特權階級이壓迫하야있으니特權階級의壓迫밑에있는朝鮮民衆은自由的朝鮮民衆이아니니 自由的朝鮮民衆을發見하기爲하야特權階級을打破함이니라 第三은經濟掠奪制度를破壞하자함이다 웨? 掠奪制度밑에있는經濟는民衆自己가生活하기爲하야組織한經濟가아니오 곳民衆을잡아먹으랴는强盜의살을찌우기爲

하야組織한經濟니 民衆生活을發展하기爲하야經濟掠奪制度를破壞함이니라 第四는社會的不平均을破壞하자함이다 웨? 弱者以上에强者가잇고賤者以上에貴者가잇어모든不平均을갖인社會는 서로掠奪 서로剝削 서로嫉妬仇視하는社會가되야 처음에는少數의幸福을爲하야多數의民衆을殘害하다가末竟에는또少數끼리서로殘害하야民衆全體의幸福이畢竟數字上의空이되고말뿐이니民衆全體의幸福을增進하기爲하야社會的不平均을破壞함이니라 第五는奴隷的文化思想을破壞하자함이다 웨? 遺來하던文化思想의宗敎、倫理、文學、美術、風俗、習慣그어느무엇이强者가製造하야强者를擁護하던것이아니더냐? 强者의娛樂에供給하던諸具가아니더냐? 一般民衆을奴隷化케하던痲醉劑가아니

더냐? 少數階級은强者가되고多數民衆은도리어弱者가되야
不義의壓制를反抗치못함은專혀奴隷的文化思想의束縛을받
은까닭이니　만일民衆的文化를提倡하야그束縛의鐵鎖를끊
지아니하면一般民衆은權利思想이薄弱하며自由向上의興味
가缺乏하야奴隷의運命속에서輪廻할뿐이라　그럼으로民衆
文化를提倡하기爲하야奴隷的文化思想을破壞함이니라　다
시말하자면『固有的朝鮮의』『自由的朝鮮民衆의』『民衆的
經濟의』『民衆的社會의』『民衆的文化의』朝鮮을『建設』
하기爲하야『異族統治의』『掠奪制度의』『社會的不平均의』
『奴隷的文化思想의』現象을打破함이니라　그런즉破壞的精
神이곳建設的主張이라　나아가면破壞의『칼』이되고　들
어오면建設의『旗』가될지니　破壞할氣魄은없고建設할癡

想만있다하면五百年을經過하여도革命의꿈도꾸어보지못할
지니라　이제破壞와建設이하나이오둘이아닌줄알진대　民
衆的破壞앞에는반드시民衆的建設이있는줄알진대　現在朝
鮮民衆은　오즉民衆的暴力으로新朝鮮建設의障礙인强盜日
本勢力을破壞할것뿐인줄을알진대　朝鮮民衆이한편이되고
日本强盜가한편이되야　네가亡하지아니하면　내가亡하게
된『외나무다리위』에선줄을알진대　우리二千萬民衆은一
致로暴力破壞의길로나아갈지니라

民衆은　우리革命의大本營이다

暴力은　우리革命의唯一武器이다

우리는　民衆속에가서　民衆과携手하야
不絕하는暴力―暗殺、破壞、暴動으로써

强盜日本의統治를打倒하고
우리生活에不合理한一切制度를改造하야
人類로써人類를壓迫지못하며社會로써社會를剝削지못하는
理想的朝鮮을建設할지니라

四千二百五十六年一月 日

義烈團